AF452399

MÉMOIRE

POUR le Comte D'ACHÉ, Lieutenant-Général des Armées navales, & Commandeur de l'Ordre Royal & Militaire de Saint Louis.

LA perte de l'Inde a excité un cri général de surprise & d'indignation. Tous ceux qui y ont servi pendant la derniere guerre ont été scrupuleusement examinés. Le Comte d'Aché chargé du Commandement de l'Escadre armée pour sa défense, a été décreté d'assigné pour être oüi, le 23 Janvier 1765 ; loin d'être effrayé des formes & des rigueurs de la Justice, ce chef d'Escadre a vû sans peine son sanctuaire s'oüvrir pour recevoir, comme un dépôt éternel de ses services, le détail de son Expédition dans l'Inde.

Les Magistrats, après avoir rassemblé tous les & pesé toutes les preuves, ont acquis par un long examen les connoissances nécessaires pour porter un Jugement assuré. Mais le public partagé en autant d'avis & d'opinions qu'il y a de sociétés & de familles qui le composent, flotte souvent dans l'incertitude, tandis que la Justice cherche le coupable. La justification du Comte d'Aché ne seroit pas complette, s'il différoit plus long-tems à instruire le public d'une Campagne de cinquante-deux mois qui lui a coûté tant de soins & de travaux; il a versé plus d'une fois son sang dans les combats qu'il a livrés: mais les obstacles renaissoient sans cesse sous ses pas; il n'attend d'autre récompense de ses services, qu'un coup-d'œil favorable de son Maître, & l'estime du public; & c'est parce qu'il en sent tout le prix, qu'il ose s'en croire digne.

Le Comte d'Aché va exposer les faits avec autant de simplicité que d'exactitude. Comme ils sont tous appuyés sur des piéces authentiques produites sous les yeux de la Cour; il ne craint point de contradiction sur aucun de ces faits.

F A I T.

La Compagnie des Indes convaincue en 1756, de l'impossibilité où elle étoit de se soutenir dans ses Etablissemens avec ses propres forces, demanda au Roi des secours en troupes de terre & en vaisseaux de guerre pour la défense de ses possessions. Sa Majesté, sur ses représentations, ordonna l'armement des trois vaisseaux *le Zodiaque* de 74 canons, *le Belliqueux* de 70, & *le Superbe* de 64. Le Comte de Lally, Lieutenant-Général, fut nommé pour commander les troupes de terre, & le Comte d'Aché, Chef d'Escadre, pour commander la marine. Le Comte de Lally déja Syndic de la Compagnie, fut encore nommé Commissaire du Roi avec les pouvoirs les plus étendus ; mais ceux du Comte d'Aché furent limités par des instructions dont il ne s'est écarté dans aucun cas.

La Compagnie de son côté, armoit plusieurs vaisseaux qui devoient passer aux Indes. On en fit trois divisions ; la premiere, étoit partie de l'Orient avec M. de Soupire & des troupes ; la seconde, devoit partir de Brest sous les ordres du Comte d'Aché, & la troisiéme de l'Orient.

La division de ce Chef d'Escadre, étoit composée des trois vaisseaux du Roi, des Navires de la Compagnie, *le Moras*, *le Condé*, *le Montaran*, de la Frégate *la Sylphide*, & de deux navires de fret, *le Saint Luc* & *l'Emeraude*. Ces six derniers bâtimens devoient se rendre à Brest le 23 Janvier 1757, ceux du Roi étoient en rade ; mais ceux de la Compagnie partis de l'Orient le deux du même mois n'étoient pas encore arrivés.

On devoit embarquer sur cette Escadre, l'Etat-major & 1008 hommes du Régiment de Lally, 50 Soldats d'artillerie, tous les bagages des troupes & des munitions de guerre considérables. Le douze Février, les vaisseaux de la Compagnie ne paroissant pas , & la faison ne permettant point de différer le départ , il fut décidé que les vaiffeaux du Roi partiroient avec un bataillon, les 50 hommes d'artillerie, les deux navires de fret , & que le fecond bataillon partiroit fur les vaiffeaux de la Compagnie , s'ils arrivoient à tems.

On fit alors de nouveaux arrangemens pour paffer les troupes fur les vaiffeaux du Roi ; on diminua le nombre des Matelots, & l'on augmenta à proportion celui des Soldats ; par conféquent on affoiblit les forces , en augmentant l'embarras de la manœuvre.

Le *Condé* & *la Diligente* étant arrivés le 15 Février , & les autres fucceffivement ; on reprit le premier projet d'embarquement.

On appareilla enfin de la rade de Breft le 6 Mars. Les vaiffeaux du Roi étoient chargés au point qu'il leur reftoit à peine trois pieds de batterie ; ceux de la Compagnie l'étoient à proportion. Si leur fortie avoit eu lieu & qu'ils euffent été attaqués , quelle défenfe auroient-ils pu faire ? Encombrés par la multiplicité & la péfanteur de leurs charges, quoiqu'on eût eu l'attention de diminuer de leur lefte , leur batterie la plus importante étoit prefque noyée ; trop de Soldats inutiles à la manœuvre , au fervice de l'artillerie, euffent gêné l'une & l'autre , pas un feul vaiffeau n'eût échappé à l'ennemi.

Dès le 28 de Janvier , le Comte d'Aché avoit fait , à cet égard , les repréfentations les plus fortes à M. de Machault. Elles font confignées dans des lettres qui éxiftent dans les Bureaux de la Marine , & elles doivent fe trouver dans les archives de la Compagnie , puifque le Comte d'Aché les fit paffer également le 9 Février à M. de Silhouette ; ce Miniftre lui répondit le 13 , qu'il venoit de remettre fa lettre à M. de Moras qui avoit fuccédé à M. de Machault, dans le Département de la Marine. Le Comte d'Aché renouvella le 18 les mêmes repréfentations dans une lettre qu'il écrivit à M. de Moras : il lui donnoit avis que l'arrivée du *Condé* & de *la Diligente* , ne lui apporteroit aucun foulagement, puifque ces navires étoient *bondés ;* que toute fon Efcadre étoit dans un état pitoyable par la furcharge des vaiffeaux. M. de Moras répondit au Comte d'Aché le 2 Mars, qu'il voyoit avec peine le peu de batterie qui reftoit aux vaiffeaux , qu'il confentoit qu'on débarquât la batterie de 36 du *Zodiaque* , pour y fubftituer du 24. Les armemens que l'on faifoit dans le port, empêcherent de donner dans ce moment du 24 au Comte d'Aché, parce que ce calibre auroit manqué pour l'affortiment des vaiffeaux que l'on armoit , & ce Chef d'Efcadre partit le 6 Mars.

Il comptoit toucher au moment de donner des preuves de fon zèle pour le fervice, lorfqu'un grain violent arrête fon Efcadre prête a donner dans le Râtz ; *le Belliqueux* démâté de fon mât de perroquet & de fon petit mât de hune , fait le fignal d'incommodité , & mouille dans l'Iroife. Le Comte d'Aché fait fignal de relâche , revire de bord , pour voir

6

par lui-même ce qui retient *le Belliqueux*. Il eſt forcé de tenir le plus près du vent pour le joindre ; un grain plus violent que le premier le ſurprend, démâte *le Zodiaque* qu'il commande de ſes deux mâts de hune, il ſe trouve affalé ſur la côte, il fait mouiller ; l'ancre ne prend point, il en fait jetter un ſecond qui tient heureuſement, ſans quoi ſon vaiſſeau étoit perdu. Le fond où il eſt mouillé ne ſert qu'à augmenter ſon inquiétude, il fait travailler toute la nuit pour s'en relever, il eſt forcé de rentrer dans la rade pour ſe réparer.

Le Comte d'Aché inſtruiſit, par ſes lettres du 6 & du 11, M. de Moras, qui répondit le 10 que le Roi approuvoit le parti que ce Chef d'Eſcadre avoit pris de relâcher à Breſt, pour réparer plus facilement & plus promptement les accidens arrivés à ſon Eſcadre, que le Roi n'avoit appris qu'avec peine.

Le 17 ce Miniſtre écrivit au Comte d'Aché que le Roi lui avoit ordonné de retenir à Breſt l'Eſcadre qu'il commandoit ; & le 19, que le Roi avoit donné une autre deſtination au *Belliqueux* & au *Superbe*

Le 22 le Comte d'Aché fit les repréſentations les plus vives ſur cette ſéparation, qui le privoit des deux tiers de ſes forces. Il demanda d'être déchargé de ce commandement. Il conſentoit de perdre les frais immenſes que lui coûtoit cet armement, auquel il avoit employé exactement le reſte de la fortune de la Comteſſe d'Aché. En vain expoſa-t-il dans le plus grand jour, l'impoſſibilité phyſique où il ſe trouvoit de remplir fa miffion avec fi peu de forces ; on lui répondit que le Roi vouloit qu'il allât aux Indes : il obéit.

Il eft néceffaire de faire ici une réflexion qui ne trouveroit peut-être pas ailleurs fa place. Les forces doivent être combinées fur les opérations auxquelles elles font deftinées. La Compagnie fçavoit que les Anglois avoient dans l'Inde 4 Vaiffeaux de guerre, fçavoit : le *Kent*, de 70 canons ; le *Cumberland*, de 66 ; le *Tigre*, de 60 ; le *Salisbury*, de 50, & deux Frégates, le *Briggewater* de 20, & le *Kinsficher* de 12 : des nouvelles d'Angleterre annonçoient qu'on projettoit d'y envoyer l'*Elifabeth* de 70 canons, l'*Anfon* de 60, & l'*Yorck* de 60. Telles étoient les forces connues des Anglois, lorfque la Compagnie remit à M. de Machault fon premier Mémoire, dont on donne l'extrait N°. 1. * des pieces juftificatives. Il étoit donc de la prudence de compter que les Anglois avoient dans l'Inde une Efcadre de 7 Vaiffeaux de guerre & 2 Frégates.

Quelle eft la miffion du Comte d'Aché ? De détruire les forces navales d'Angleterre, & de porter à Pondicheri tous les fecours en munitions de guerre, de bouche & en hommes qu'on le charge de convoyer. Les forces qu'on lui donnoit devoient être combinées fur celles des Anglois. On devoit regarder comme un fait certain qu'ils avoient une Efcadre de fept Vaiffeaux & deux Frégates que l'on vouloit dé-

---

* *Nota.* Toutes les pieces juftificatives feront indiqués dans le corps du Mémoire par des Numéros.

truire : il falloit donc en donner une au Comte d'Aché au moins égale en nombre de Vaiſſeaux, de canons, & de même calibre. Voici le détail des forces promiſes d'après le Mémoire de la Compagnie, on verra enſuite les forces données.

Le *Zodiaque*, Vaiſſeau du Roi de 74.

Vaiſſeaux de guerre de la Compagnie.
{ Le *Comte de Provence* de . . . . 58.
Lé *Bien-Aimé* de . . . . . . 58.
Le *Vengeur* de . . . . 54.

Sept Vaiſſeaux de la Compagnie armés en guerre depuis 50 juſqu'à 44, & quatre Vaiſſeaux de 20 canons. Total, quinze Vaiſſeaux

Mais eſt-ce bien ſérieuſement que la Compagnie a penſé que ſes Vaiſſeaux puſſent être mis en ligne vis-à-vis les Vaiſſeaux de guerre Anglois ? C'eſt ce qu'on ne peut penſer. Les Vaiſſeaux de la Compagnie, deſtinés à porter de fortes cargaiſons, ſont conſtruits pour être des bâtimens chargés & non Vaiſſeaux de guerre. Il eſt même impoſſible, par la différence de leur conſtruction, d'en faire des Vaiſſeaux de guerre. Larges par les fonds, ſans batterie, incapables d'ailleurs, par la foibleſſe de leurs membrures au-deſſus de la partie ſubmergée, de porter une artillerie aſſez forte pour tenir en ligne, comment pouvoit-on imaginer qu'ils ſeroient propres à combattre des Vaiſſeaux conſtruits pour être Vaiſſeaux de guerre, & dont la conſtruction eſt trop connue pour qu'il ſoit même poſſible d'en ſoupçonner l'égalité ?

Trouvera-t-on quelque ſupériorité dans le nombre

de

9

de quinze Vaisseaux opposés à neuf ? Mais la foiblesse
des quinze , eu égard au calibre des canons , & à
la différence de la construction des Navires, laissoit
toujours subsister une inégalité qui ne devoit jamais
échapper à des personnes faites par état pour connoître , juger l'espece & la quantité des forces maritimes à opposer à celles qu'on vouloit détruire.

Veut-on admettre l'égalité des forces proposées
en Europe aux forces connues des ennemis ? Cette
hypothèse est encore indifférente au Comte d'Aché;
& l'opération n'en paroîtra pas mieux combinée.

L'armement de tous ces Vaisseaux devoit se faire
à 4000 lieues d'Europe. Il étoit d'autant moins assuré
qu'on ne pouvoit avoir aucune certitude de trouver
à l'Isle de France tout ce qui étoit nécessaire pour cet
objet. Etoit-on assuré d'y trouver des vivres , des
hommes , des agrèts , des apparaux (a) ? Avoit-on
pris les précautions nécessaires pour suppléer aux parties qui auroient pû manquer ? L'événement & les détails , soutenus des pieces les plus autentiques, dé-
montreront le contraire. L'opération a donc péché
dans son principe , & l'on a fait partir ce Chef d'Escadre sur des suppositions : on lui a donné des forces
idéales pour détruire des forces connues. Mais c'est
assez prévenir le Lecteur sur cet objet , il faut reprendre le récit des faits & lui en administrer successivement les preuves.

(a) On n'a donné au Comte d'Aché , à son départ de Brest, que ce
qu'on lui auroit donné pour une campagne de six mois.

Le Comte d'Aché profita de sa relâche pour charger sa batterie de 36 contre du 24; il s'en trouva
alors de ce calibre dans le Port. On l'avoit assuré
qu'il trouveroit à l'Isle de France du 36 pour remplacer celui qu'il laissoit à Brest; il n'y en trouva pas
une piece, il n'y avoit pas même suffisamment de 24
pour les Vaisseaux qui en devoient porter, & auxquels on ne donna que du 18.

Le 3 Mai les vaisseaux de la Compagnie ayant
joint le Comte d'Aché sous Groix, tous étant embarqués, la flotte appareilla pour l'Inde. Le 4, à trois
heures du matin, on entendit cinq coups de canon
dans le sud-ouest; on ne douta point que ce ne fût
des signaux de l'Escadre Angloise que l'on sçavoit attendre celle du Comte d'Aché. Ce Chef d'Escadre
fait arriver ses vaisseaux, fait faire route du nord au
nord-ouest, & au jour, ne voyant point d'ennemis, reprend sa route. Cette manœuvre simple pour l'homme
du métier, lui mérita les plus grands éloges de la part
de tous les passagers. Le succès donne souvent du
relief aux plus petites choses. S'il eût rencontré
dans ce changement de route l'Escadre Angloise, il
eût été blâmé de ceux qui exaltoient la sagesse de sa
conduite & la sagacité de son jugement. Le 9 le Comte
d'Aché expédia la frégate l'*Aquilon*, & la corvette
l'*Escarboucle*, pour annoncer au Ministre de la Marine qu'il étoit hors de risque d'être attaqué par les
Escadres ennemies qui croisoient aux atterrages de
France.

Le 17, ce Chef d'Escadre s'appercevant que les vaisseaux de charge ne pouvoient le suivre & retarderoient sa marche, tint un Conseil où le Comte de Lally assista. Il y fut décidé que l'on feroit seulement route avec le *Bien-aimé* & la *Diligente*, & que les autres se rendroient à l'Isle-Grande, fixée pour être le point de réunion. Les ordres furent donnés en conséquence à ces vaisseaux.

Le 31, le Comte d'Aché ordonna à la frégate la *Diligente* de faire route en droiture pour l'Isle de France, & remit au Capitaine qui la commandoit une lettre par laquelle il prioit le Gouverneur de préparer tout ce qui seroit nécessaire, tant en rafraichissemens pour ses équipages, que pour l'armement des vaisseaux dont il devoit composer une Escadre, conformément au Mémoire de la Compagnie.

Le 5 Juin, on apperçut un bâtiment auquel on donna chasse. C'étoit un batteau Anglois de 10 canons, qui alloit faire la traite à la côte de Guinée. On l'amarina. Le Commissaire de l'Escadre mit les scellés à bord, & présumant qu'il seroit utile à l'Escadre, il fut conservé & conduit à l'Isle de France, où il a été jugé pour la validité de la prise, & sa cargaison vendue par le Conseil Souverain de cette Isle. Les fonds qu'elle a produits ont été déposés dans la caisse de la Compagnie.

Il avoit regné pendant tout l'hyver, dans le Port de Brest, une maladie épidémique qui avoit fait périr beaucoup de monde. Le germe de cette maladie s'embarqua avec les équipages du Comte d'Aché. La mauvaise qualité des vivres, occasionnée par celle des denrées de la derniere récolte, en accéléra le développement. N°. 2. Chaque vaisseau dans le même cas que le Zodiaque ne fût bientôt qu'un Hôpital. Ce qui restoit de Matelots sur le pont pouvoit à peine suffire à la manœuvre. Le Comte d'Aché auroit bien desiré d'aller droit à l'Isle de France; mais le desir de conserver des hommes précieux à l'Etat, le défaut d'eau & de bois, & la nécessité de réunir tous les vaisseaux de son convoi pour passer le Cap de Bonne-Espérance, le déterminerent à relâcher à l'Isle-Grande. Il y arriva le 16 de Juillet. Dès le 11, ayant été pris par le calme, le Comte d'Aché avoit fait embarquer le Commissaire & le Major de l'Escadre sur le batteau *le Cigne*, & leur avoit ordonné de se rendre à Rio-Janeiro, pour prier le Gouverneur de donner ses ordres pour qu'on fournît à l'Isle-Grande tous les secours dont il avoit besoin. Le 15 on envoya à l'Isle-Grande un Officier de terre & un de la marine pour faire la même demande à celui qui y commandoit. Celui-ci fit quelques difficultés qu'on applanit; enfin on obtint la permission de faire construire des angards à terre pour les malades, & quelques raffraichissemens. Les deux Généraux descendirent pour voir par eux-mêmes les établissemens, & examiner les secours qu'on pouvoit tirer de cette Isle; ils se rembarquerent, convaincus de leur insuffisance.

Le 18, le Commissaire & le Major arriverent de

Rio-Janeiro , & apporterent une lettre de l'Officier qui y commandoit en l'abſence du Gouverneur Général. Cet Officier donnoit les aſſurances les plus fortes qu'il feroit fournir toutes les choſes néceſſaires à l'Eſcadre. Le 19 on tint Conſeil pour ſçavoir ſi on reſteroit à l'Iſle-Grande ou ſi on iroit à Rio-Janeiro. Tout le monde fut d'avis d'aller dans ce dernier Port. Dès le lendemain on appareilla pour s'yrendre. On y mouilla le 23.

Dans le Mémoire de la Compagnie , remis au Comte d'Aché pour lui ſervir d'inſtruction , l'article 3 , employé à traiter des relâches néceſſaires à l'Eſcadre , le prévenoit que pluſieurs vaiſſeaux François qui y avoient relâché , avoient lieu de ſe plaindre des Portugais , & en dernier lieu M. d'Anican , commandant le vaiſſeau de la Compagnie *le Bourbon* , lui avoit donné le même avis. Plus les beſoins de l'Eſcadre ſe multiplioient , plus la poſition de ſon Commandant étoit critique & embarraſſante. Le Comte d'Aché prit le parti d'ignorer qu'on avoit eu lieu de ſe plaindre , il fit la réponſe la plus honnête au ſieur d'Anican. En entrant dans le Port , il détacha ſon Major pour en demander l'entrée , & le lieu où il pourroit dépoſer les malades. Cet Officier avoit ſi bien pris toutes ſes meſures , que dès le lendemain on mit les malades à terre. Ils étoient en grand nombre. On en peut juger par celui des morts pendant la traverſée , qui montoit à 141 , tant Officiers , Paſſagers , Soldats , que Matelots , dans les ſeuls vaiſſeaux

*le Zodiaque, le Bien-aimé, le Centaure, le S. Luc,
& l'Emeraude.*

Le Gouverneur tint tout ce qu'il avoit promis. Les deux Nations vivoient dans la meilleure intelligence, quand les vaisseaux qui s'étoient séparés pendant la route rejoignirent l'Escadre à Rio-Janeiro. Leur réunion inspira du soupçon au peuple. Ces craintes furent fomentées par des personnes intéressées à augmenter le trouble ; il y eut, dans une émeute populaire, plusieurs Officiers & Matelots insultés. Pour arrêter les suites de ces manœuvres, le Comte d'Aché fit un Mémoire pour le Gouverneur, l'adressa au Comte de Lally, le priant de le lui remettre après l'avoir lû. Cet Officier Général le remit à celui qui commandoit. Ce dernier, restraint par ses pouvoirs, ne se crut pas dans le cas de prendre sur lui, ce que les circonstances exigeoient. Heureusement le Gouverneur Général arriva. Tout fut bientôt pacifié. Le départ de la flotte Portugaise qu'il ordonna, contribua beaucoup au rétablissement de la tranquillité. Le Comte d'Aché n'épargna rien pour marquer sa reconnoissance à ce Gouverneur & mériter sa confiance. Il croit pouvoir assurer que M. de l'Eguille a recueilli, dans sa relâche à Rio-Janeiro, les premiers fruits de la bonne conduite qu'il a tenue dans ces circonstances délicates ; & graces à ses soins, aucun vaisseau François, soit du Roi, soit de la Compagnie, ne doit plus désormais craindre de relâcher à Rio-Janeiro.

Malgré la vigilance des Officiers de l'Escadre, le nombre des malades augmentoit au lieu de diminuer. Le Comte d'Aché voyoit à regret un tems précieux s'écouler. Il se détermina à la fin de Septembre à faire embarquer tout ce qu'il lui restoit de malades à terre, il partit le 25 pour l'Isle de France, où il arriva le 17 Décembre, après 85 jours de traversée.

Les maladies avoient continué dans les vaisseaux, & l'Escadre étoit dans le plus grand délabrement lorsqu'elle mouilla à l'Isle de France. Le Comte d'Aché qui avoit manqué lui-même de périr, perdit son Capitaine en second. L'Escadre manquoit non-seulement d'hommes, mais encore de vivres, d'agrès & d'apparaux.

Les sieurs Mahon & Bourdié, Capitaines des vaisseaux de la Compagnie qui mouillerent à Rio-Janeiro, dans leur retour en Europe, prévinrent le Comte d'Aché que l'on manquoit de vivres dans cette Isle. D'après leur rapport, le Commissaire fit charger sur les vaisseaux autant de farine qu'il put en acheter; mais ce chargement fut une bien foible ressource. Cependant, suivant le Mémoire de la Compagnie, il devoit trouver dans cette Isle non-seulement de quoi rafraichir les équipages, renouveller ses vivres, mais encore des vaisseaux armés pour renforcer son Escadre.

On tint le 23 Décembre un Conseil mixte, & le Gouverneur de cette Isle y fait ainsi le tableau de sa position.

» 1°. Il ne nous reſte qu'à peine pour deux mois
» de vivres en farine & en bled, après quoi il fau-
» dra toucher à l'armement des vaiſſeaux, que je ne
» ſuppoſe même que de quatre mois. MM. de Mon-
» dion & Babinet ſont inſtruits de cette vérité. « Et
plus bas » : j'avois ici, avant l'arrivée des vaiſſeaux
» de l'Eſcadre, 3195 hommes de marine, je poſe
» qu'il en faut déduire 4 ou 500 malades de ce nom-
» bre, après quoi on peut prendre un arrangement
» fixe ſur le nombre & la quantité des vaiſſeaux qu'il
» convient d'armer.

C'eſt avec 2600 hommes environ qu'il faut que le
Comte d'Aché remplace les morts de ſon Eſcadre,
les malades hors d'état d'être embarqués, & qu'il
arme de nouveaux vaiſſeaux.

Enfin, dans ſon avis au Conſeil, ce même Gouverneur dit : « Je déclare n'avoir que pour 40 jours
» de vivres à donner aux Vaiſſeaux, après quoi ils
» ſeront obligés de vivre ſur leur armement, ce qui
» peut rendre leur expédition impoſſible. Je puis
» trouver blancs & noirs, ſuivant le compte qui
» m'en a été fourni 4476 hommes ». Completter des
équipages de guerre avec des noirs, qui ſont les peu-
ples les moins belliqueux : voilà pourtant à quoi ſe
réduiſoient les promeſſes faſtueuſes de la Compagnie.
Que l'on ſe repréſente la ſituation du Comte d'Aché : il
arrive à 4000 lieües d'Europe, avec des Vaiſſeaux
fatigués par deux longues traverſées, & ayant un beſoin indiſpenſable d'être radoubés ; il arrive avec des

Soldats

Soldats & des Matelots exténués de maladies, accablés par les travaux de la Mer ; & lorfqu'il compte pouvoir les faire repofer & rafraîchir, trouver des reffources pour réparer fes Vaiffeaux, le Confeil de l'Ifle de France ne lui préfente qu'un affreux tableau du dénuement de fes Magafins , & de la mifere de l'Ifle. Il faut ou partir promptement pour la Côte de Coromandel, quoique la faifon foit contraire, ou fe réfoudre à voir périr de faim le refte infortuné de fes troupes, échappé à la peine ou à la maladie. Quelle défenfe pouvoient faire à la Mer des Vaiffeaux dont la carène ufée rallentiffoit la marche ? Quel fervice pouvoient faire à bord, des équipages tels qu'étoient les fiens ? Quelle ardeur, quelle force pouvoient avoir de tels Matelots pour fe battre ? Se perfuadera-t-on, qu'une Efcadre, de laquelle dépendoit le falut de l'Inde , arrivant à l'Ifle de France où elle eft attendue , où elle a été précédée par une premiere divifion, au lieu d'y trouver le moindre fecours, foit obligée d'aller chercher ailleurs de quoi vivre , même journellement ? Non fans doute. C'eft cependant ce que le Comte d'Aché a éprouvé , & il en adminiftre la preuve par le Mémoire de M. Magon, N°. 3. On y a joint la Déclaration faite par ce Gouverneur au Confeil , l'arrêté du Confeil qui détermine le nombre de Vaiffeaux que l'on peut armer, & l'on a cru devoir y ajouter l'Extrait du Mémoire de la Compagnie , fervant d'inftruction au Comte d'Aché , qui détaille les forces qui lui

font confiées, afin que l'on puiſſe juger de la différence des forces promiſes d'avec les forces données,
& rendre plus frappantes les obſervations qu'on a
déja préſentées à cet égard.

Le Comte d'Aché, plus touché de l'état malheureux des hommes qu'il commande, que de ſa propre
ſituation, ſe détermine à partir, conformément à la
Délibération du Conſeil. Son exemple ranime les
ſpectres vivans qu'il a conduits à l'Iſle de France,
chacun travaille au-delà de ſes forces, & la crainte
de la famine excite aux travaux les plus pénibles ceux
que leur courage n'y porte pas. Le Comte d'Aché ſe
ravitaille avec ce qu'on lui fournit, & autant que le
tems le lui permet; il arme des Vaiſſeaux autant qu'il
le peut, des Noirs brutes rempliſſent le vuide de ſes
équipages; il quitte le Port Louis de l'Iſle de France
le 27 Janvier 1758, paſſe à Bourbon, y ramaſſe quelques vivres, & fait route pour la Côte de Coromandel.

TABLEAU DE SON ESCADRE.

Vaiſſeau du Roi.	* Le *Zodiaque* de 74	24	18	8.
Vaiſſeaux de Guerre de la Compag.	Le *Comte de Provence* de 58	24	18	6.
	Le *Bien-Aimé* de 58	24	18	6.
Vaiſſeaux de la Compagnie armés en guerre.	Le *Vengeur*, de 54	18	12	
	Le *Duc d'Orléans* de . . . 50	18	12	
	Le *Saint-Louis* de 50	18	12	
	Le *Duc de Bourgogne* de . 50	18	12	
	Le *Moras* de 44	12	8	
	Le *Condé* de 44	12	8	

* Ces deux Vaiſſeaux devoient prendre du 36 à l'Iſle de France ; il ne
s'y en eſt pas trouvé.

La *Diligente* & la *Silphide*, Frégates.

Trois Vaiſſeaux de guerre, ſix armés en guerre, deux Frégates, onze Bâtimens.

Ces forces étoient-elles proportionnées aux opérations que le Comte d'Aché devoit exécuter, & aux forces connues des ennemis ? Auſſi le Comte d'Aché l'avoue, ce n'eſt point à ſes forces qu'il doit les avantages qu'il a remporté ſur les Anglois; il ne doit ces ſuccès qu'à la valeur des Officiers qui ont combattu ſous ſes ordres, & à l'ardeur des équipages dont ils ont été les chefs, l'ame, l'exemple & le modéle.

Partageons la ſuite de cerécit en deux époques. La Campagne de 1758, & celle de 1759.

CAMPAGNE DE 1758.

Le 25 d'Avril 1758, le Comte d'Aché étant à la Côte de Coromandel, envoya M. de Modave ſur la Frégate la *Diligente* à Karikal, pour s'informer de la poſition de l'ennemi, & des forces qu'il avoit à la Côte. Le 27 la Frégate rejoignit l'Eſcadre. M. de Modave rapporta que les Anglois étoient à Madras, qu'on pouvoit être dans la plus grande ſécurité. On ne ſçait ce qui a donné lieu à un fait conſtaté au procès par les dépoſitions de quelques Témoins, & dont le Comte d'Aché n'a eu connoiſſance que longtemps après. Le Pere Saint - Eſtevan, ſoi-diſant Jéfuite, qui étoit alors à Karikal, craignant qu'on ne donnât point à ce chef d'Efcadre des nouvelles certaines des ennemis, s'embarqua dans une Chelingue, pour l'inftruire que les Anglois avoient remonté la Côte. Le mauvais temps, la groffe mer, ne lui permettant pas d'arriver jufqu'au *Zodiaque*, il s'arrêta au *Duc de Bourgogne*, dernier Vaiffeau de la ligne, & pria le Capitaine d'en informer le Comte d'Aché. Ce Capitaine garda l'avis pour lui feul. Le Comte d'Aché n'ayant d'autres inftructions que celles de M. de Modave, & fes ordres portant que l'opération la plus importante étoit de débarquer à Pondichery les fecours en hommes, en argent & en munitions de guerre qu'il convoyoit, & de s'en occuper par préférence à la recherche de l'ennemi, appareilla, & fit route pour Pondichery.

Le 28 à la pointe du jour, étant à la vue de Goudelour, deux Frégates Angloifes, qui depuis quelque temps ravageoient la côte, s'échouerent & fe brûlerent fous le Fort Saint-David. Leurs équipages ont fervi à renforcer la garnifon de cette place. Ce début donna de l'efpérance. Pour profiter de ce premier moment de chaleur, le Comte de Lally propofa au Comte d'Aché de bloquer par mer le Fort Saint-David, de le faire conduire à Pondichery avec les troupes, & que de - là il reviendroit en forces l'attaquer par terre. Il demanda le *Comte de Provence* & la *Diligente* pour l'y conduire.

Le Comte d'Aché lui repréfenta d'abord qu'il

manquoit d'eau, de bois; qu'il avoit beaucoup de malades, qu'il étoit néceffaire de débarquer & de remplacer. Il ajouta que le *Comte de Provence* étoit un des plus forts Vaiffeaux de l'Efcadre dont il ne pouvoit fe paffer, & qu'il fuffifoit d'une Frégate pour l'y porter lui & fon État-Major, puifqu'il n'en étoit qu'à quatre lieues; le Comte de Lally répondit d'abord que les ennemis étant à Madras, il pouvoit facilement fe paffer pour vingt-quatre heures du *Comte de Provence*, qu'il étoit néceffaire de le lui donner par décence pour fa place & pour fon grade. Il ajouta que dès le lendemain on lui enverroit par des Chelingues l'eau, le bois, & les rafraîchiffemens dont il fçavoit qu'il avoit befoin; que ces mêmes Chelingues rapporteroient fes malades à Pondichery, & qu'on les lui remplaceroit. Le Comte d'Aché confentit à ce que ce Lieutenant Général vouloit; le Comte de Lally partit à trois heures après midi pour Pondichery avec la *Diligente* & le *Comte de Provence*, auquel il fit arborer pavillon quarré au grand mas à la vue de toute l'Efcadre; il y arriva fur les cinq heures, & le Comte d'Aché mouilla fous le Fort Saint-David.

Le Comte d'Aché avoit fait exercer au maniment des armes, pendant la traverfée, un certain nombre de Matelots de chaque Vaiffeau; il en avoit formé des compagnies & un bataillon, pour aider le Comte de Lally dans fes opérations, lorfque l'occafion le requéreroit. Les Officiers des Vaiffeaux étoient deftinés à commander ces compagnies, & le Comte de

Genlis devoit conduire celle du *Zodiaque*, qui formoit les Grenadiers de ce bataillon. Imédiatement après le départ du Comte de Lally, le Comte d'Aché, prévoyant que ces troupes pourroient être utiles pour la prise du Fort Saint-David, donna ordre aux Officiers de se tenir prêts à débarquer au premier ordre.

La *Silphide* appareilla la nuit pour aller à la découverte. Le 29 à la pointe du jour le feu de la Place annonçoit que les troupes de terre en faisoient l'approche, lorsque la *Silphide*, par plusieurs coups de canon, fit connoître celle de l'Escadre Angloise. le Comte d'Aché ne tarda pas à la voir. Après avoir filé les cables par le bout, il fit appareiller ses Vaisseaux ; mis en ordre de bataille, il attendit tranquillement l'ennemi.

Il avoit envoyé ordre au sieur de la Chaise, Capitaine du *Comte de Provence*, de partir sur le champ pour le joindre, mais on le retint à Pondichery. Le Comte de Lally & le sieur de Leyrit lui donnerent ordre de débarquer tout ce qu'il avoit d'argent & d'effets avant d'appareiller. Cet ordre ne lui fut envoyé que sur le midi, ainsi que le porte le Certificat de tous les Officiers de ce Vaisseau ensuite de l'ordre, dont copie pareille à celle que l'on produit N°. 4, a été déposée au Greffe de la Cour, quoique par le *Post-Scriptum* de la Lettre, N°. 5, que le Comte de Lally affecte de datter à huit heures du matin, il lui marque, « vos deux Vaisseaux vont appareiller » pour vous joindre.

TABLEAU DES DEUX ESCADRES.

		l.	l.					l.	l.
Le Zodiaque de 74	.. 24	18	8		L'Yarmoult de 76	.. 32	18	8
Le Bien-Aimé de ... 58	.. 24	18	6		L'Elizabeth de 70	.. 32	18	8
Le Vengeur de 54	.. 18	12	6		Le Cumberland de .. 70	.. 32	18	8
Le Duc d'Orleans de .. 50	.. 18	12			Le Varvick de 60	.. 24	18	6
Le Saint Louis de ... 50	.. 18	12			Le Neufcastle de .. 50	.. 24	18	
Le Duc de Bourgogne de 50	.. 18	12			Le Salisbury de ... 50	.. 24	18	
Le Moras de 44	.. 12	8			Le Protecteur de .. 44	.. 18	12	
Le Condé de 44	.. 12	8			Le Malboroug de .. 44	.. 18	12	
Une Fregate					Une Fregate.			
Nombre des Canons . 420	144	100	20		464	204	132	30

Différence en nombre de Canons . . 44
La différence en calibre est de près du tiers.

Le Comte d'Aché, privé du *Comte de Provence*
& de *la Diligente*, égal aux Anglois pour le nombre, étoit bien inférieur en forces par la qualité des
Vaisseaux, le nombre & le calibre des canons: le dé-
périssement des équipages l'affoiblissoit encore ; mais
à l'aspect de l'ennemi, chaque Matelot prit de nouvelles forces avec l'espoir de vaincre. A deux heures
les deux avant-gardes s'approchent, l'action commence & devient bien-tôt générale. Dès les premieres
bordées le *Duc de Bourgogne* arrive & se met à l'abri
des autres Vaisseaux. Cette retraite affoiblit encore
l'Escadre, & ne diminue cependant point la vivacité
du combat. Le *Condé* & le *Moras*, trop foibles pour
tenir en ligne, sont obligés de s'éloigner pour moins
souffrir du feu de l'ennemi, qu'ils combattent toujours avec vigueur. L'Amiral Pokok sort de sa ligne,

vient au Comte d'Aché qui s'avance. Les deux Généraux fe battent corps à corps. Pokok met trois fois à acculer, & trois fois revient à la charge. Enfin il ne reparoît plus. Le Contre-Amiral Stewens le remplace. Le Comte d'Aché fe bat trois quarts d'heure avec lui. Cette action particuliere ne rallentit point celle de l'Efcadre, par-tout le feu eft vif & foutenu. Toute l'Efcadre Angloife commençoit à tenir le vent, quand le Comte d'Aché apperçut le *Comte de Provence* & la *Diligente* qui venoient le joindre. Il leur donna fignal de fe rallier, ainfi qu'aux Vaiffeaux qui étoient arrivés pour réparer leurs manœuvres délabrées. Son deffein étoit de piquer au vent pour tâcher de couper du centre l'avant - garde des Anglois, qui étoit très-maltraitée. L'ennemi preffentant fon projet, repique lui-même au vent, laiffant le champ de bataille au Comte d'Aché. Alors il fait revirer toute l'Efcadre vent arriere ; la premiere caufe de ce mouvement, c'eft que, la nuit venant, il s'apperçut que les courans l'avoient fait tomber fous le vent de Pondichery, qu'il ne devoit pas perdre de vue, & dont il eût été de la plus grande imprudence de s'éloigner, manquant d'eau & ayant une grande quantité de malades & de bleffés qui demandoient des fecours très-prompts. Un autre motif lui fit prendre ce parti ; il vouloit engager de nouveau le lendemain l'action, fe rapprocher de terre, pour mettre plus facilement à fon pofte le *Comte de Provence*, Vaiffeau tout frais & qui n'avoit pas combattu. Les Anglois

rendirent

rendirent toutes ces précautions inutiles en se retirant la nuit, & sans feux, près de Madras.

Le Comte d'Aché auroit desiré de le poursuivre, mais son état ne le lui permettoit pas. Pouvoit il sans eau, avec un grand nombre de blessés sur ses Vaisseaux & 80 sur le sien, se livrer à une poursuite qui l'eût éloigné du seul Port où il pouvoit trouver tout ce qui lui manquoit ? N'auroit-ce pas été exposer l'Escadre gratuitement ? Il suivit sa route & mouilla le 30 à Alemparvé, à sept lieues sous le vent de Pondichery.

Le *Bien-Aimé*, Vaisseau de la Compagnie n'ayant qu'un seul ancre à mouiller, ses cables ayant été coupés dans le combat, fut à la côte & se brisa.

Dès le même jour le Comte d'Aché, qu'une blessure qu'il avoit reçue dans le combat, où il avoit eu 40 hommes de tués, empêchoit d'écrire lui-même, chargea son Major d'instruire M. de Leyrit, Gouverneur de Pondichery, des détails du combat & du malheur arrivé au *Bien-Aimé*. Le 1er Mai il reçut de Pondichery des chelingues & des Bots chargés d'eau & de rafraîchissemens, & la Lettre du Comte de Lally, Nº. 5, qui lui en envoyoit une autre du 28 Avril, par laquelle le Commandant de Karikal lui donnoit avis de la vue de l'Escadre Angloise.

Impatient de procurer à ses malades les secours qui leur étoient nécessaires, M. d'Aché appareilla dès le 2 pour remonter à Pondichery, où il mouilla

D

enfin le 6 Mai, centieme jour de fa navigation depuis fon départ de l'Ifle de France.

Il avoit reçu la veille du Comte de Lally la Lettre N°. 6, par laquelle ce Lieutent Général, le félicitant fur l'iffue de fon combat, le prévenoit fur les *défa-points* qu'il alloit trouver à Pondichery. Expreffion finguliere pour lui annoncer qu'il y manqueroit de tout.

L'Efcadre étoit en mauvais état. Les Vaiffeaux criblés de coups de canons, les mâtures endommagées, les manœuvres délabrees, les équipages haraffés par la fréquence des manœuvres néceffaires dans une action auffi chaude, le Comte d'Aché demande tout ce dont il a befoin pour fe remettre en état; quelle eft fa furprife? On n'a rien à lui donner. Il demande d'amitié, il fomme au nom du Roi, comme on le voit par fa Lettre N°. 7, il n'en obtient pas davantage. Les cordages en réferve pour les Vaiffeaux ont été coupés pour le fervice de l'artillerie, les bois deftinés aux réparations des Vaiffeaux ont été employés à faire des plates-formes & des affuts : on lui offre ce qui en refte. Il fait travailler avec ce qu'on lui donne, on jumelle les mâts, on épiffe les cordages pour les faire reffervir ; on répare ce que l'on peut des Vaiffeaux, fuivant le bois qu'on a ; enfin on fait un radoub tel quel, en attendant le moment de le faire conforme aux befoins.

Le 9 Mai M. de Leyrit ayant eu des nouvelles de l'Efcadre Angloife, on affembla un Confeil mixte,

par lequel il fut décidé que l'Escadre resteroit embossée sous la barre de Pondichery. La délibération
de ce Conseil, que l'on produit N°. 8, constate l'état
où étoit l'Escadre.

La situation du Comte d'Aché étoit très-critique.
Il sentoit tout le danger où étoit son Escadre. Mouillée dans une position où la Ville ne pouvoit lui donner aucun secours en cas d'attaque de la part de l'ennemi ; dépourvue d'hommes pour se défendre , il
crut devoir représenter au Conseil tout l'embarras de
sa position. Il écrivit à M. de Leyrit la Lettre N°. 9,
& à M. de Monteil, son Major, celle N°. 10, afin
qu'il appuyât ces représentations. Il reçut du Gouverneur la réponse N°. 11.

Le 17 Mai, ce Chef d'Escadre n'ayant encore reçu
aucuns secours , récrivit à M. de Leyrit la lettre
N°. 12, & au Comte de Lally celle N°. 13. Le même
jour le Comte de Lally fit la réponse N°. 14. Cette lettre commence par ces mots : » Je plains bien votre
» situation, mon cher Amiral ; & c'est une malheu-
» reuse consolation à vous donner, que de vous re-
» présenter la mienne , & finit par cette phrase ;
» Nous sommes à plaindre l'un & l'autre, & je ne
» vois qu'un coup du ciel qui puisse nous tirer d'ici «.
Le Comte de Lally tînt un langage bien différent
en opinant dans le Conseil mixte du 30.

Le 28 Mai on tint un Conseil mixte pour décider sur la position de l'Escadre. On en trouve
l'arrêté sous le N°. 15 , & le 30 on en tint un encore

où le Comte de Lally affifta, N°. 16 : il fut décidé dans ce dernier, que l'on donneroit des hommes à l'Efcadre, & qu'elle fortiroit pour aller chercher l'ennemi.

On a vû par ce qui a précédé, que le Comte d'Aché n'avoit ceffé de folliciter qu'on le mît en état d'aller au-devant de l'ennemi ; il avoit été le feul de cet avis au Confeil du 28 ; & le Comte de Lally, dans fon expofé, paroît vouloir prêter à ce Chef d'Efcadre, le defir de refter emboffé fous Pondichery, lui qui peu de jours auparavant plaignoit fa fituation, & ne voyoit qu'un coup du ciel qui pût l'en tirer ; quelle contradiction ?

Dans la nuit du même jour, on embarqua les fecours accordés ; le 31, l'Efcadre fe mit en état d'appareiller ; & ce qui fe paffa le lendemain, prouve non-feulement la fageffe des repréfentations du Comte d'Aché, mais encore tout le danger qui pouvoit réfulter pour l'Efcadre, de l'état de dénuement & d'abandon où on la laiffoit.

Le premier Juin, le Comte d'Aché apperçut à la pointe du jour l'ennemi fous le vent qui l'obfervoit, & qui appareilla fur le champ. Ce Chef d'Efcadre en fit autant ; mais l'ennemi voulant l'attirer fous le vent, fit porter à petites voiles, & fe laiffa dériver confidérablement. Le Comte d'Aché qui vouloit toujours conferver Pondichery fous le vent à lui en cas d'événement, ne le fuivit pas, il prit au contraire le parti de remonter fous le Fort S. David pour en continuer le blocus, & empêcher l'Escadre Angloise d'y jetter aucun secours. Il y mouilla le 2 à six heures du soir, & le 3 il reçut du Comte de Lally la lettre N°. 17. par laquelle il apprit la reddition de ce Fort.

Le Comte d'Aché descendit à terre le 4 ; la conférence où M. de Leyrit se trouva, ne roula que sur deux objets, le siege de Divicoté; & le Comte de Lally vouloit que le Comte d'Aché favorisât cette opération en remontant jusqu'à ce lieu avec son Escadre : l'autre objet de cet entretien fut la prise d'un vaisseau Anglois à deux batteries qu'on lui avoit dit être mouillé à Negapatham. Le Comte de Lally a prétendu n'avoir jamais entendu parler de ce vaisseau ; c'est ce qui oblige de rapporter la lettre de M. de Leyrit N°. 18. On parla ensuite d'y acheter ce qui paroîtroit nécessaire aux réparations les plus urgentes de l'Escadre.

Le 5 elle remonta sous Divicoté, dont les troupes du Roi venoient de s'emparer sans coup ferir ; & continuant sa route, elle fut mouiller le 6 à Karikal, d'où l'on dépêcha *la Diligente* à Negapatham, pour s'informer des bâtimens qui pouvoient y être. Le 7 cette Frégate rapporta qu'il n'y avoit dans la rade de ce comptoir, que trois vaisseaux Hollandois, qui paroissoient vaisseaux de transport.

Le 9, le Comte d'Aché voyant qu'il étoit inutile aux opérations du Comte de Lally, & désirant employer utilement un tems qu'il auroit fallu passer dans l'oisiveté dans la rade de Pondichery, assembla le Conseil de marine, dont l'arrêté N°. 19, fut que l'on remonteroit la côte, & qu'on y croiseroit jusqu'au 24. pour se réunir aux vaisseaux que l'on attendoit de l'Isle de France, ou intercepter ceux qui pourroient venir se joindre à l'ennemi que l'on sçavoit retourné à Madras.

Le 10, l'Escadre fut à Negapatham où l'on ne se procura qu'avec beaucoup de peine quelques rafraîchissemens, peu de cordages & de bois, quoiqu'on eût assuré à Pondichery, qu'on y trouveroit de tout en abondance & avec facilité. Mais le Comte d'Aché y apprit qu'on attendoit trois vaisseaux Anglois venant du Gange, & richement chargés. Ce Chef d'Escadre sentant combien il étoit important de priver les Anglois de cette ressource, & de quel avantage cette prise seroit pour Pondichery, résolut de s'en emparer; il appareilla, & partit pour sa croisiere.

Le 16, étant mouillé par le travers de Karikal, il reçut un paquet du Conseil de Pondichery, par lequel, sur l'exposé du Comte de Lally N°. 20, on le sommoit de revenir sous cette Ville, & on le rendoit responsable des malheurs qui pouvoient arriver pendant son absence. Ce Chef d'Escadre fit sur le champ route pour Pondichery. Il y mouilla le 17: en arrivant, il crut devoir rendre compte à ses Officiers, des motifs qui lui avoient fait quitter une croisiere arrêtée sur leur avis. Le Comte d'Aché leur lut le Mémoire N°. 21 , & chacun d'eux figna avec lui cette proteftation contre l'interruption de la croifiere.

Peu de tems après , on apprit à Pondichery que les trois vaiffeaux qu'on attendoit du Gange étoient arrivés à Madras. On fe repentit d'avoir déféré à la volonté du Comte de Lally ; mais le mal étoit irré-parable , & le Comte d'Aché l'avoit prévû. On le forçoit de refter dans une inaction non-feulement contraire au bien de l'Inde , mais encore à fa miffion & à fes inftructions. On l'y forçoit par des actes ju-ridiques ; on l'y contraignoit , en lui refufant des vi-vres. Lorfqu'il partit le premier Juin pour fe rendre au Fort S. David , il n'en avoit que pour vingt jours dans toute fon Efcadre : que pouvoit-il faire dans une pareille pofition ?

Le 18 , le Comte de Lally partit de Pondichery pour joindre fon armée qui étoit en chemin pour le Tanjaour , & le Gouverneur demanda au Comte d'Aché 50 hommes pour garder le Fort où il y avoit , difoit-il , plus de prifonniers que de foldats pour les garder : ce Chef d'Efcadre donna ce qu'on lui de-mandoit , & fit mouiller l'Efcadre en ligne de combat fous la barre de Pondichery.

La retraite de l'ennemi , la fupériorité décidée que les François paroiffoient avoir à la côte , n'en impofoient point au Comte d'Aché. Il fçavoit qu'on travailloit à Madras au rétabliffement de l'Efcadre Angloife avec la plus grande activité. Il fentoit que l'éloignement de l'armée occupée au siege d'une place éloignée de cinquante-cinq lieues de Pondichery, facilitoit aux Anglois raffurés fur le fort de leurs poffeffions, la tentative de quelqu'expédition, fur les nôtres, ou celle d'un combat avec l'Efcadre. Il ne doutoit pas qu'ils ne connuffent le mauvais état de l'Efcadre, & la pofition de Pondichery ; il s'attendoit à voir bientôt reparoître leur Flotte. Tout étoit occupé à Pondichery du fiege de Tanjaour ; on ne fongeoit qu'à fournir à l'armée tout ce qu'elle demandoit pour y réuffir : il voyoit bien qu'il n'en devoit attendre aucun fecours ; il prit le parti de travailler avec fes feules forces à raccommoder fes vaiffeaux.

Les craintes du Comte d'Aché n'étoient que trop bien fondées : les trois vaiffeaux venant de Bengale, avoient débarqué à Madras 150 hommes, auxquels on en joignit 800 de la garnifon de la Ville. On arma l'Efcadre Angloife, & elle appareilla.

On étoit à Pondichery dans la plus grande fécurité. Le Comte d'Aché en eût été la victime, fans fon zèle, & la vigilance de fes Officiers : l'ennemi étoit déja fous Alemparvé, qu'on le croyoit encore à Madras : la lettre de M. de Leyrit N°. 22, en eft la preuve la plus complette.

Le 27, l'ennemi étoit en vue. Il falloit l'attendre à l'ancre (pofition fâcheufe), ou prendre le large. Plufieurs vaiffeaux avoient leurs gouvernails à terre, on les fait porter à bord ; le Comte d'Aché fe rend fur le fien, affemble fes Capitaines, ils font d'avis

unanime

unanime d'appareiller ; il donne ordre de s'embarquer aux matelots qui font aux Hôpitaux , mais qui
font encore en état de donner un coup de main :
il communique l'avis du Confeil de marine à celui
de Pondichery , qui y foufcrit , & lui fait la réponfe
N°. 23. Auffitôt il appareille à la vue des Anglois.
Toute la journée les deux Efcadres manœuvrent
vis-à-vis l'une de l'autre : le Comte d'Aché profite de
la nuit pour gagner le vent fur les Anglois , qu'il ne
vit plus le lendemain à la pointe du jour.

Le Comte d'Aché , quoique foiblement armé ,
réfolut de les fuivre & de remonter la côte , pour
fçavoir ce qu'ils étoient devenus ; le 29 il mouilla à
Karikal ; le 31 il en partit pour Negapatham. Sur
les neuf heures du matin on vit l'Efcadre Angloife.
On fe prépara au combat. On arriva fur elle. Prêt à
commencer , *le Saint Louis* , *le Condé* , *le Moras* ,
firent fçavoir au Général qu'ils ne pouvoient fe fervir de leur premiere batterie ; le Comte d'Aché fut
alors obligé de revirer. La nuit furvint , & le lendemain plus d'ennemis à combattre. Le 2 le Comte d'A-
ché revint mouiller à Karikal. Il y apprit que le Comte
de Lally avoit été battu au Tanjaour , qu'on parloit
delever le fiége , que les Anglois qui en étoient inf-
truits (ils avoient des troupes dans cette Ville)
avoient à bord beaucoup de troupes , que leur projet étoit de débarquer , pour couper au Comte de
Lally la retraite à Pondichery. Le Comte d'Aché
fentant combien il étoit important d'empêcher ce

débarquement, & ayant apperçu à deux heures après minuit des feux, qu'il jugea être de l'Escadre Angloise, fit appareiller dans l'instant pour la joindre & la combatre ; au point du jour il la voit à une lieue & demie sous le vent. Le moment paroît décisif. Il fait signal de donner. Ses ordres sont exécutés avec une précision qui promet le plus grand succès.

Ce Chef d'Escadre voyant que ses vaisseaux ne pouvoient se battre au vent, avoit prescrit une manœuvre qui auroit réussi si la brise de terre se fût soutenue. Elle manqua trop tôt. Celle du large donna le vent aux Anglois. Les deux Escadres étoient en ligne. A midi & demi les Anglois arrivent sur lui & le combat commence. Le *Comte de Provence* ayant remplacé le *Bien-aimé*, les deux Escadres étoient les mêmes que dans le premier combat ; mais l'ennemi reconnut qu'en s'approchant moins de l'Escadre Françoise, dont les canons étoient d'un calibre bien inférieur aux siens, il souffriroit moins de dommage, & lui en causeroit par conséquent davantage, & ne s'approcha pas plus près que la petite portée de canon.

Le Comte d'Aché n'avoit que 500 hommes à bord ; les autres vaisseaux à proportion n'étoient pas mieux armés. L'ardeur des équipages suppléa à ce qui manquoit. Le premier feu fit beaucoup de mal aux Anglois. L'avantage même de notre Escadre paroissoit décidé, quand le *Comte de Provence* fut obligé d'arriver pour travailler à éteindre le feu qu'avoit mis à son mât d'artimont, un artifice lancé du vaisseau ennemi, contre lequel il se battoit. Le *Duc de Bourgogne* le couvrit & souffrit un feu des plus vif. Sa retraite diminuoit de beaucoup la force de l'Escadre ; l'Amiral Anglois craignant le feu du *Zodiaque*, le canonoit dans sa hanche, & le faisoit canoner de l'avant par un autre vaisseau. Le Comte d'Aché outré de cette manœuvre, vient au vent pour lui lâcher toute sa bordée, un coup de canon emporte la roue de son gouvernail. L'air de son vaisseau le fait depasser le *Duc d'Orléans*, qui le couvre un instant, dont il profite pour se réparer. Il se remet bientôt en ligne, la drousse de son gouvernail est coupée par un autre boulet ; il la fait rétablir, revient à la charge, un canon de la Sainte-Barbe creve & coupe un barreau du Pont. Le *Condé* & le *Moras* trop foibles pour résister dans de telles actions, sont obligés d'arriver. Un artifice que l'ennemi lance sur le *Zodiaque* met le feu à la soute aux poudres ; c'est à la prudence de l'Ecrivain de ce vaisseau qu'on en doit le salut ; il fut éteint par sa vigilance. Tant d'événemens n'arrêtent pas le combat. L'Escadre étoit cependant dans un état déplorable. Le croissant qui soutient la barre du gouvernail du *Zodiaque* manque, le navire ne gouverne plus, il s'aborde avec le *Duc d'Orléans* ; les Matelots animés travaillent à dégager les vaisseaux ; tandis que d'autres réparent les accidens. On le raccommode toujours se battant. Les ennemis tiennent le vent. Le Comte d'Aché hors d'état de les poursuivre fit route pour Pondichery. Dès le même foir les Anglois furent à bout de bordée mouiller à Karikal. N° 24.

Ce combat, dans lequel cinq vaiffeaux de l'Efcadre feulement ont tenu contre toute l'Efcadre Angloife, fut des plus meurtriers. Il y eut fur le *Zodiaque* 180 hommes tant tués que bleffés. Le Comte d'Aché y reçut deux fortes bleffures, fans compter les coups des éclats. Mouillé le 4 à Pondichery, fon premier foin fut d'écrire au Confeil la lettre, N° 25. qu'il lui envoya par fon Major. M. de Leyrit fit le même jour la réponfe, N° 26. Il eft facile de juger, par tout ce qu'on vient de dire, de l'état où étoit l'Efcadre lorfqu'elle appareilla le 27 Juillet, tant pour les vaiffeaux qui n'avoient pû être réparés que très-imparfaitement que pour les hommes. Que l'on juge auffi de celui où devoit être chaque vaiffeau, après un combat auffi long & auffi vif. Le Comte d'Aché demanda au Confeil des hommes, des vivres, des mâtures, des vergues, des agrès, du bois, enfin tout ce dont il avoit befoin. Il n'obtint rien. Les magafins étoient auffi dépourvus que ceux de l'Ifle de France, dont le Gouverneur, par fa lettre N° 27. prioit le Comte d'Aché d'en apporter avec lui. Peu de vivres, & rien de ce qui étoit de plus important pour des vaiffeaux. On fit des efforts pour lui procurer une partie de ce qui lui étoit néceffaire ; on fuppléa au refte par des expédiens.

On avoit dépêché de l'Ifle de France le *Rubis* ;

pour inſtruire le Comte d'Aché que le *Centaure* qu'on y avoit armé devoit l'aller joindre à la côte. Ce brigantin fut pris par une frégate Angloiſe, ſous le canon de Negapatham, ſans que les Hollandois lui donnaſſent aucun ſecours. Le Comté d'Aché regardant le procédé des Hollandois comme une inſulte faite à la Nation, crut devoir en tirer vengeance. L'occaſion s'en préſenta bientôt. Un de leurs vaiſſeaux nommé *le Harlem*, expédié de Batavia, étant venu mouiller au vent de Pondichery, ce Chef d'Eſcadre le fit arrêter & remettre à MM. du Conſeil pour décider de ſon ſort.

Il ordonna à la *Silphide* d'aller croiſer ſous Ceylan, pour preſcrire au *Centaure* la conduite qu'il devoit tenir pour le joindre ſans riſque.

Le 17, le Comte d'Eſtaing envoyé par le Comte de Lally, arriva à Pondichery avec des lettres pour le Conſeil, & celle N° 28 pour le Comte d'Aché. Le Conſeil lui écrivit le 18 la lettre N° 29, par laquelle il lui marque que le Comte de Lally le charge de lui propoſer de prendre dans ſon armée le nombre d'Officiers & de Soldats dont il auroit beſoin & de marcher à l'ennemi, pendant qu'avec ce qui lui reſtera de troupes, il ſe portera au-delà d'Alemparvé & ſur la route de Madras, pour faire diverſion.

Ces offres mêmes du Comte de Lally prouvent que l'on étoit bien convaincu à Pondichery que l'Eſcadre manquoit de monde ; mais ſa propoſition n'étoit rien moins que conſéquente ? Quoi, après la prife du Fort Saint-David, tout indiquoit à marcher à Madras ; l'Efcadre, quoique mal armée, étoit encore en état de fervir utilement à cette opération, les Vaiffeaux n'étoient point défemparés au point où ils étoient depuis le fecond combat ; au lieu d'en profiter, le Comte de Lally s'occupe du foin de porter la guerre au Tanjaour, guerre étrangere au premier objet de fa miffion, qui ne regardoit que les Anglois ; il retient fous les murs de Pondichery l'Efcadre dans l'inaction, fous prétexte de garder cette Ville ; & lorfqu'on eft certain qu'elle eft dans une impoffibilité abfolue d'agir, on lui propofe d'aller tenter le fort d'un troifiéme combat, & dans quel tems encore, à l'approche du changement de Mouffon, changement prévu par le Comte de Lally, qui dit pofitivement dans fa Lettre, » vu le peu de tems qui nous refte d'ici au changement de Mouffon. * « Vouloit-il tendre un piége au Comte d'Aché ? Eh, quelles étoient fes vues ?

Le Comte d'Aché repréfenta aux Députés du Confeil, porteurs des Lettres du Comte de Lally & de la Compagnie, qu'il manquoit de Vaiffeaux autant que d'Hommes, que ceux de fon Efcadre ne pouvant porter la voile, le mettoient hors d'état de fe battre au vent, dont il étoit obligé de céder l'avantage à l'ennemi, qu'il n'avoit plus de mats,

---

* Mouffon fignifie le changement des vents qui regnent à la côte de Coromandel ; depuis la mi-Octobre jufqu'à la mi-Mars, les vents y regnent dans la partie de l'Oüeft, & les pluies & ouragans y font trèsfréquents. Dans les autres mois les vents regnent de la partie de l'Eft, la mer alors y eft plus calme, & la côte eft abordable.

que ceux du *zodiaque* étoient tous rofturés, que faute
de bois pour les remplacer , fes bordages étoient ha-
chés ; qu'enfin fi dans une pareille pofition il fe battoit
une troifiéme fois , il feroit dans l'impoffibilité de reprendre la mer , qu'il n'en pouvoit d'ailleurs réfulter
aucun bien pour les poffeffions de la Compagnie ; que
s'il remportoit la victoire , il falloit , faute d'hommes ,
d'agrès & d'apparaux , condamner à la Côte la moitié des Vaiffeaux pour armer l'autre. Mais fi l'Efcadre étoit battue , comme il n'y avoit que trop lieu
de le craindre , elle étoit perdue fans reffource , &
fa perte entraîneroit celle de l'Inde. Que dans cette
pofition , il paroiffoit plus avantageux pour le bien
de la Colonie & de l'Efcadre , qu'elle fût fe réparer à l'Ifle de France où elle devoit trouver des fecours venus d'Europe , pour revenir plutôt l'année
fuivante à la Côte. Que d'ailleurs c'étoit le lieu que
la Compagnie lui avoit indiqué pour fon féjour pendant l'hyvernage, (comme on le prouve par l'extrait
du Mémoire de la Compagnie , N°. 30) , dans le
cas où fon Efcadre auroit eu du deffous dans un
combat ; que quoiqu'il ne fût pas dans le cas prévu
par ce Mémoire, l'importance du radoub à faire à fes
Vaiffeaux lui prefcrivoit de faire ce qui lui étoit indiqué en cas de défavantage.

Quelque convaincu que fût ce Commandant qu'il
n'y avoit pas d'autre parti à prendre , il ne voulut
rien décider par lui-même ; il affembla fon Confeil de
marine. On voit , N°. 31 , les avis détaillés de chaque Capitaine. D'après le réfultat de ce Confeil , il

écrivit à celui de Pondichery la Lettre N°. 32, par laquelle il lui fit part de l'arrêté de ce Conseil & du parti qu'il avoit pris en conséquence. Le 21 Août, le Comte d'Aché écrivit au Comte de Lally la Lettre N°. 33, pour lui en rendre également compte. Le 30, ce dernier assembla un Conseil général, dans lequel il fut décidé que l'Escadre resteroit à la Côte jusqu'au 15 ou 20 Septembre.

Que l'on lise le Procès-verbal de ce Conseil, N°. 34, & l'on sera frappé de l'inconséquence de son arrêté. Tous les opinans conviennent dans les motifs de leur avis, que l'Escadre Angloise est supérieure à la nôtre, que la nôtre manque de tout ce qui lui est nécessaire pour se réparer, même de vivres, de plus on craint que son séjour prolongé ne mette l'armée qui doit rester à Pondichery, dans le cas d'en manquer; & cependant leur avis est qu'elle reste jusqu'au 15 ou 20 de Septembre. Mais pour qu'une Escadre reste embossée sous une barre, où la mer est toujours grosse & roulante, où les Vaisseaux sont perpétuellement tourmentés, il faut avoir des cables, des grelins à leur donner. On n'en avoit point, on en convient, & l'on ne veut pas moins qu'elle reste. N'étoit-ce pas exposer les Vaisseaux à se perdre ? Cependant cette Escadre n'étoit-elle pas l'espoir de l'Inde, la ressource à employer pour sa conservation ? L'inaction prouvée des Anglois, & reconnue dans tous les avis, n'étoit-elle pas un sûr garant que leur Escadre étoit hors d'état de rien entreprendre ? Il étoit donc tout naturel

que

que la nôtre partît de bonne heure pour les Isles où elle devoit trouver des secours annoncés, pour primer l'année suivante l'Escadre Angloise à la Côte, & y commencer les opérations avec plus d'avantage.

Les instructions du Comte d'Aché l'autorisoient à ne pas suivre le résultat du Conseil, lorsque lui & ses Officiers penseroient qu'il y auroit trop de risques pour l'Escadre ; elles l'obligeoient seulement à remettre au Conseil un Mémoire par écrit, signé de lui & de tous les Officiers, dans lequel toutes leurs raisons seroient expliquées. Ce Chef d'Escadre sortant du Conseil, assembla tous les Officiers qui y avoient opiné, & il écrivit au Conseil la Lettre N°. 3 5 , qu'ils signerent tous avec lui. On joint, N°. 3 6 , l'extrait de ses instructions.

Le 2 Sep. le Conseil fit de nouvelles représentations au Comte d'Aché, qui y répondit le même jour avec ses Capitaines. Après avoir épuisé toutes les sommations & les actes ordinaires en pareil cas, on se rapprocha & l'on prit les voyes de conciliation, le Comte d'Aché s'y prêta ; il donna un bataillon de Matelots sous la conduite du Chevalier du Pohet, Officier de la marine, & sacrifia le besoin qu'il pouvoit avoir de ces hommes pour réarmer son Escadre, au desir que l'on avoit d'augmenter l'armée de terre. Cependant le Conseil de Pondichery devoit sentir toute l'injustice de cette opération. Il ne pouvoit ignorer que l'Escadre manquoit d'hommes, il devoit savoir qu'on ne pouvoit en avoir à l'Isle de France qu'autant qu'on y

F

en auroit fait paffer d'Europe. Les fecours pouvoient avoir été interceptés aux attérages de France, ou dans la traverfée. Ces poffibilités devoient entrer dans fon calcul, & méritoient de férieufes réflexions. Comment ce Confeil, compofé de Négocians éclairés, & par conféquent bons fpéculateurs, auroit-il pu négliger de les faire ; rien n'eft échappé à fa pénétration. Des vues particulieres lui ont fait adopter un autre fyftême. Le Comte de Lally vouloit des hommes, & s'embarraffoit peu que l'Efcadre en manquât. Pourvu que l'armée fût nombreufe, qu'elle fût abondamment pourvue de vivres, tout le refte lui importoit peu. Il eût volontiers fait défarmer tous les Vaiffeaux pour en avoir les hommes. Il ne faut, pour s'en affûrer, que lire la fin de la lettre du Comte de Lally à M. de Leyrit N°. 66 ; le Confeil préféra le fentiment de ce Général au fien particulier.

Enfin le Comte d'Aché, après avoir remis à Pondichery les Lafcards & Cypayes qu'on lui avoit prêtés, & dépouillé encore fon Efcadre de 500 hommes qu'on exigea, partit de Pondichery le 3 Septembre pour l'Ifle de France, où il mouilla le 3 Octobre fuivant.

Qu'on fe repréfente fa joie en arrivant dans ce Port. Il y voit trois Vaiffeaux du Roi, commandés par un Officier Général dont l'expérience & les talens lui font connus. Il efpére trouver les ordres qui lui ont été promis pour fon retour ; il ouvre avidement fes pacquets. Le Roi lui permet de revenir fi fa fanté l'exige; mais il laiffe à fa prudence à déterminer l'ufage de cette permiffion. Le Miniftre lui fait fentir qu'il efpére qu'il fera encore une campagne. L'amour du fervice lui montre l'ordre caché fous des expreffions remplies d'égards; le défir & l'efpérance de détruire avec de nouvelles forces l'ennemi, le féduifent. Les follicitations de tous fes Officiers le décident. Il s'informe des fecours qu'on lui a envoyés d'Europe par ces Vaiffeaux. Aucun. Ils n'ont été eux-mêmes armés que comme pour une campagne ordinaire. Ils ont befoin de remplacement en hommes, en agrès, en vivres. Il n'eft arrivé fous leur efcorte aucun Vaiffeau chargé des chofes les plus néceffaires; & ces Vaiffeaux qui devoient être des reffources fûres pour l'armement d'une nouvelle Efcadre, ne font que le rendre plus difficile & plus embarraffant.

Le Comte d'Aché s'adreffe au Confeil Supérieur de l'Ifle de France, il lui demande les provifions dont il a befoin. On hüi donne pour réponfe des repréfentations, contenant le détail de ce qu'il y a de fubfiftances dans les magafins pour les Colons blancs & noirs, pour les Soldats & pour l'Efcadre. Il réfulte de cet expofé N°. 37, que l'Efcadre ne peut refter qu'un mois dans ce Port.

Le 15 Octobre on arrête d'envoyer à Bourbon pour y vivre le tiers des équipages & les malades, d'envoyer à la Baye d'Antongil la Frégate la *Gloire* prendre toutes les subsistances qu'il sera possible d'y trouver, & les Vaisseaux l'*Eléphant* & l'*Hermione* au Cap, pour y prendre les vivres & boissons dont ils pourront traiter.

Le 16 cet arrangement paroissant encore insuffisant pour prévenir la famine dont on est menacé, le Gouverneur demande l'assemblée d'un Conseil mixte. On rapporte sa lettre & la réponse du Comte d'Aché N°. 38. Le 20 ce Conseil écrit au Comte d'Aché la lettre N°. 39, par laquelle on lui représente qu'il y a dans l'Isle 9246 personnes à nourrir, que par le recensement des vivres il n'y en a que pour trois mois & quelques jours, malgré les retranchemens faits sur les rations des Matelots; que l'on ne peut se promettre aucun secours du dehors; que par le défaut d'envois d'Europe & par la stérilité de l'année, ceux sur lesquels le ministere a pû compter manquant, on lui propose d'aller avec toute son Escadre au Cap, pour y vivre & s'armer. Cette lettre, intéressante par les Tableaux qu'elle contient, ne mérite pas moins d'attention, que la réponse N°. 40 du Comte d'Aché, qui renferme un détail historique de la misere & des peines qu'il a essuyées depuis l'instant de son arrivée dans l'Inde, jusqu'alors. On y joint l'Extrait des Instructions du Roi, & celui du Mémoire de la Compagnie, qui a rapport à la fourniture des vivres.

Le 22 le Conseil de Marine s'assembla pour déterminer la sortie d'un nombre de Vaisseaux, & d'environ 4 à 5000 hommes. Chaque Capitaine donna son avis motivé. Après une peinture affligeante de l'état de son Vaisseau & de la Colonie, tous opinerent pour l'exportation des Vaisseaux, & le 24 on détermina d'envoyer au Cap une Escadre composée d'un Vaisseau du Roi, & de huit Vaisseaux de la Compagnie, pour y chercher tout ce dont on manquoit. L'arrêté en est rapporté N°. 41.

M. de l'Eguille avoit apporté deux millions. On expédia la *Fidele* pour en porter un à Pondichery, & l'on instruisit le Conseil de cette Ville de la situation de l'Isle de France, de celle de l'Escadre, & de la sortie de celle qu'on venoit de faire partir pour le Cap. Cette Frégate arriva pendant le siége de Madras. D'après ces connoissances, le Comte de Lally devoit combiner les opérations qui demandoient le concours de l'Escadre avec celles qu'il pouvoit faire indépendamment de son secours. On ne pouvoit se flatter à Pondichery de l'y voir reparoître de bonne heure; on ne pouvoit pas même en espérer de détachement; on devoit au contraire craindre qu'elle ne pût pas y reparoître. Le croira-t-on, le Comte de Lally s'est plaint de ce que le Comte d'Aché n'avoit reparu que très-tard à la côte. L'Escadre partie pour le Cap avoit emporté 3600 hommes de Marine nécessaires aux réparations des Vaisseaux. Les uns demandoient des radoubs considérables. D'autres, comme le *Comte de Provence*, &c. avoient besoin d'être travaillés, depuis la partie submergée jusques dans leurs hauts, pour porter toute l'artillerie dont ils étoient susceptibles. Pendant qu'une partie de l'Escadre fut chercher des subsistances, l'autre travailloit aux réparations des Vaisseaux. Tout étoit disposé à finir à l'arrivée des secours qu'on attendoit du Cap.

Il en arrive successivement dans les mois d'Avril & de Mai 1759 ; mais il s'en faut bien qu'ils soient suffisans. Les pacotilles, plus fortes que le fond des cargaisons, détruisent l'utilité & le fruit de cet armement ; le Particulier y gagne autant que la Compagnie & que le bien du service y perdent. Cela est si vrai, que le 31 Mai on tint un Conseil mixte, dont la délibération N°. 42 prouve qu'il manquoit à l'Escadre, outre la diminution du tiers des rations, 233 bariques de vin, & 15000 pots d'eau-de-vie, ainsi que diverses autres denrées de nécessité premiere ; tels qu'huile, chandelle, suif, beure, toile à voile, &c. Les particuliers ne cédérent de ces effets qu'autant qu'ils y trouvèrent leur intérêt. L'armement de l'Escadre en souffroit beaucoup. Les cordages, les cables, les mâtures manquoient également. Il fait porter sur la grêve toutes les mâtures des Vaisseaux. Les mâts qui ne se trouvent point endommagés dans la méche par les boulets, sont déjumelés, & leur noyau recouvert de nouvelles jumelles bien cerclées de fer & de cordages, forme des mâts que l'on remet en place. Ceux qui composoient les mâtures de hune, & qui ne sont qu'écornés, sont sciés par le milieu ; la partie faine eft adaptée à une autre piéce; les deux parties affujetties par des cercles de fer & des roftures de cordages, forment un tout dont on fe fert pour des mâts de hune.

Il fallut avoir recours à des expédiens pour les voiles comme pour les mâtures. On examine dans les vieilles les lèz les moins endommagés, & les plus en état de refervir; on les décout & les réunit à d'autres, & de ces lèz réunis on forme des corps de voile qu'on envergue, ou qu'on réferve pour des rechanges.

Il fallut auffi fuppléer aux cables, aux cordages. On détourne les vieux cables, on en défile chaque tourron, on examine les fils les plus fains, on les refile, on en fait de nouveaux tourrons, & de ces derniers, des cables. On coupe une partie des uns qu'on adapte par une épiffure à la partie faine d'un vieux cable encore en état de fervir. On eft obligé de faire cette opération, même pour les manœuves courantes. La difette force de faire ufage de tout.

A force de travaux, de peines, de tourmens, l'Efcadre étoit armée dans les premiers jours de Juillet; elle étoit compofée des Vaiffeaux.

Vaiffeaux du Roi.	Le Zodiaque de	74
	Le Minotaure de	74
	L'Illuftre de	64
	L'Actif de	64

	Le Comte de Provence de	74
	Le Vengeur de . . .	64
	Le Fortuné de . . .	64
Vaisseaux de la Compagnie.	Le Centaure de . . .	54
	Le Duc de Bourgogne de	54
	Le Saint Louis de . .	54
	Le Duc d'Orleans de .	54
Frégates.	La Silphide,	
	La Fidèle.	

Trois Flûtes, le *Rubis*, la *Baleine*, l'*Hermionne*, chargées de munitions de guerre pour Pondichery. Total, onze Vaisseaux de guerre & deux Frégates.

Rien ne prouve mieux l'efficacité des soins que le Comte d'Aché s'étoit donné, que la différence du nombre de canons que les Vaisseaux de la Compagnie portoient dans cet armement. Le *Comte de Provence*, qui l'année précédente n'en portoit que 58, en avoit 74 ; le *Vengeur* de 54, en portoit 64 ; le *Duc de Bourgogne* & le *Duc d'Orleans* de 50, en avoient 54 ; ce changement n'avoit pu se faire que par des travaux aussi longs que pénibles ; en les remâtant on avoit pris toutes les précautions possibles pour leur procurer la facilité de mieux porter la voile ; mais une fatalité inconcevable, attachée dès le principe à cette campagne, trompa l'espoir de ce Chef d'Escadre, & lui fit perdre le prix qui devoit couronner ses travaux.

Le Comte d'Aché pouvoit se promettre les plus grands succès. Secondé par trois vaisseaux du Roi

commandés

commandés par des Officiers qui ont donné tant de fois des preuves de leur valeur & de leur zèle , convaincu par l'expérience de la bravoure & de l'intelligence des Officiers de la Compagnie qui ont combattu fous fes ordres ; ce Chef d'Efcadre pouvoit-il craindre les événemens qui lui ont arraché la victoire, & l'ont mis lui-même à deux doigts de fa perte ?

CAMPAGNE DE 1759.

Le Comte d'Aché partit le 17 Juillet pour l'Ifle de Bourbon , & la nuit du 22 au 23 il apparcilla pour Madagafcar. Le 2 Août il fit route pour la côte de Coromandel. La faifon étant avancée , ce Commandant crut devoir paffer par les neuf degrés , quoiqu'aucun Efcadre n'eût encore pris cette route. Il réuffit , & fe trouva au bout de vingt-deux jours de navigation , à la vue de Ceylan , qu'il fit cotoyer & vifiter par la *Silphide* , pour avoir des nouvelles de la pofition & des forces de l'ennemi.

M. de Monteil qui la commandoit , arrêta dans la baye de Barcalo deux Navires Hollandois , qui déclarerent que l'Efcadre étoit compofée de feize à dix-fept Vaiffeaux de ligne, dont douze étoient partis dernierement de Trinquemalé. Ces nouvelles déterminerent le Comte d'Aché à y aller lui-même. On l'affura que cette Efcadre n'étoit compofée que de neuf Vaiffeaux , qu'elle n'avoit fait aucune entreprife fur les établiffemens de la Compagnie , & qu'elle devoit être mouillée à Negapatham. Le foir même ce Chef d'Escadre appareilla, pour ne pas donner le tems aux Hollandois d'avertir les Anglois, il vouloit surprendre le lendemain à l'ancre les Vaisseaux ennemis. Quelques accidens ayant retardé la marche de son Escadre pendant la nuit, il ne put exécuter son projet ; à la pointe du jour on apperçut la découverte des ennemis ; la *Silphide* lui donna chasse & l'eût joint si le vent n'eût manqué. La *Silphide* fit signal qu'elle voyoit l'Escadre ; le Comte d'Aché la vit bientôt lui-même ; elle étoit composée de treize voiles ; il met la sienne en ordre de bataille ; mais obligé de s'éloigner pour ne pas courir sur la terre, la nuit survint & fit perdre de vue les ennemis. Dans le milieu de la nuit le Comte d'Aché se trouva si près d'eux, qu'il fut forcé de courir un autre bord pour ne pas engager l'action pendant la nuit.

Le lendemain les deux Escadres firent différentes manœuvres réciproquement pour se gagner le vent.

Le Comte d'Aché desiroit, relativement à ses instructions, remettre à Pondichery les secours dont il étoit chargé avant que de livrer un combat, auquel il sentoit qu'il seroit toujours le maître de revenir. Il fit route en conséquence, & le lendemain ne vit plus d'ennemi ; il navigea deux ou trois jours sans le voir. Il étoit près d'arriver à Pondichery, quand la Frégate l'avertit qu'elle voyoit les Anglois sous le vent à la hauteur du Fort S. David. Il étoit tard, le Comte d'Aché se borna à les bien reconnoître, & remit au lendemain à les attaquer ; l'Escadre Angloise n'étoit composée que de neuf Vaisseaux. Le 9 Septembre il leur donna chaffe jufqu'au moment qu'un calme p!at obligea les deux Efcadres à refter oifives vis-à-vis l'une de l'autre.

Le 10 l'Amiral Pokok déterminé à attaquer l'Efcadre Françoife & à lui livrer le combat, fit porter fur elle en bon ordre. Le Comte d'Aché étoit paré pour le recevoir, il donne le fignal de combat fur les deux heures, dix minutes après il commence ; il y avoit à peine un quart d'heure qu'on fe battoit quand le feu prit dans la grande hune du Vaiffeau du Roi l'*Actif*. Il fut obligé de laiffer tomber fa mizaine pour fe regréer & éteindre le feu ; il mit enfuite toutes fes voiles à acculer pour fe remettre à fon pofte, il ne put y parvenir. Le Vaiffeau Anglois qui le combattoit pendant toutes ces manœuvres, fit courir à fon travers & l'incommodoit beaucoup ; fans le *Minotaure* qui partagea fon feu pour le protéger, l'*Actif* qui n'en put faire pendant un demi quart d'heure, auroit fouffert bien d'avantage. Quelques inftans après, le *Duc de Bourgogne*, Vaiffeau de la Compagnie, mit toutes fes voiles dehors, même fes bonnetes & étuynes, & fut fe mettre fous le vent à plus d'une lieue de l'Efcadre. Le *Centaure*, autre Vaiffeau de la Compagnie, fe retira auffi dans le même tems ; le *Comte de Provence* & le *Saint Louis* en firent de même ; ces deux derniers cependant refterent environ une heure en ligne ; trois de ces Vaiffeaux étoient de l'arriere-garde, leur fuite la mit hors d'état de tenir contre l'ennemi. M. de Rhuis qui commandoit l'*Illuftre*, Vaiffeau du Roi, fit ferrer fur fon

Commandant, qui de ſon côté manœuvra pour le dégager. Ce Vaiſſeau fit une défenſe admirable.

L'Eſcadre Angloiſe étoit très-maltraitée. Le troiſiéme Vaiſſeau de l'arriere-garde avoit ſon grand mât de perroquet coupé, tout ſon grément haché, ſon perroquet de fouque bas. Le troiſiéme de l'avant-garde, ſon mât d'artimon coupé, ſon grand mât coupé au racage des baſſes vergues qui étoient auſſi tombées, ſon beaupré coupé, ſon pavillon amené ſans tirer, & un autre très-maltraité de l'avant.

La fuite des quatre Vaiſſeaux le Duc de Bourgogne, le Centaure, le Comte de Provence, & le Saint-Louis ne permit pas de profiter de ces avantages. L'Eſcadre Françoiſe réduite à ſept contre neuf, dont le canon étoit d'un calibre ſupérieur au ſien, ne pouvoit que ſouffrir conſidérablement. Sur les quatre heures pluſieurs Vaiſſeaux de la Compagnie, après avoir fait des prodiges de valeur, furent obligés de ſortir de la ligne pour ſe regrayer. Dans ce moment un Pilote du Zodiaque crie au timonier d'arriver & au Comte d'Aché que tous les Vaiſſeaux l'abandonnent. Ce Général donne ordre de mettre la barre au vent, & ſe retournant pour punir le Pilote imprudent, reçoit un boulet de mitrailles qui lui emporte les chairs de la cuiſſe, l'os reſte à découvert, il tombe évanoui & inondé de ſon ſang & de celui de quatre hommes qui tombent ſur lui & à ſes côtés, les uns morts, les autres mourans. On le deſcend ſur le champ, M. Gotho ſon Capitaine en ſecond avoit été tué une heure auparavant. L'Officier

qui prit le commandement du Vaisseau, voyant que
tout le grément de son grand mât étoit coupé, toutes
les drisses & manœuvres délabrées, fit arriver pour se
raccommoder & rallier tous les Vaisseaux de l'Escadre. Le Minotaure se rapprocha pour le couvrir;
ces deux Vaisseaux faisant comme l'arriere-garde,
avoient toujours le signal de combat & celui de ral-
liement. Sur les six heures l'Escadre étant ralliée,
le Comte d'Aché fit faire signal de tenir le vent,
& pendant toute la nuit courant à petites voiles,
l'Escadre ne s'occupa qu'à se réparer.

Le lendemain à la pointe du jour on vit l'Escadre
Angloise à deux lieues & demie dans le vent, tenant
un bord opposé à la nôtre; ce ne fut que sur les
onze heures que le Comte d'Aché prit le parti de
faire route pour Pondichery, où il arriva le 15, &
débarqua tous les secours dont il étoit chargé pour
cette Place.

Quel concours d'évenemens malheureux, que
d'obstacles au succès du combat ! Cette Escadre
supérieure aux ennemis est affoiblie tout d'un coup
par l'accident du feu arrivé à un des Vaisseaux du
Roi, & singuliérement par la fuite & désertion de
quatre Vaisseaux de la Compagnie, de sorte qu'il n'y
eut que six Vaisseaux inférieurs en nombre & en calibre de canon qui ayent tenu tête à neuf Vaisseaux Anglois. Malgré cela l'ennemi, qui avoit le vent sur l'Escadre Françoise, n'ose arriver sur elle, ni la suivre au
moment qu'elle est forcée de ceder du terrein pour se
réparer. Étonné de la contenance des deux Vaisseaux

du Roi qui la couvrent, il tient au contraire le vent
& lui laiffe tranquillement paffer la nuit fur le champ
de bataille à fe regrayer. L'Efcadre Angloife étoit
donc bien maltraitée ? Auffi le Confeil de Pondichery fut-il perfuadé que malgré le délabrement de
notre Efcadre, les Anglois avoient été battus.

Le Comte d'Aché débarqua à Pondichery le fecours qu'on envoyoit de l'Ifle de France, 180 foldats, & des noirs qu'on lui avoit donnés pour completer fes équipages. Mais bien informé qu'il n'y avoit
rien à Pondichery de ce qui étoit néceffaire pour
les réparations de l'Efcadre, que cette Ville manquoit même de vivres pour fes troupes & fes habitans, il fe vit forcé d'en partir fur le champ, il
en prévint le même jour le Comte de Lally &
M. de Leyrit.

Le 16 il reçut du Confeil les repréfentations, N°.
43, & l'acte, N°. 44, par lequel le Confeil le décharge de tous les événemens & malheurs qui pourroient arriver à fon Efcadre. Le Comte d'Aché à la
vue de ces pieces, affembla fon Confeil de Marine, afin de déterminer fur l'avis de tous les Officiers le parti qu'il devoit prendre. L'opinion unanime
fut de partir le lendemain. On rapporte le réfultat
de ce Confeil & l'avis de chaque Officier fous le N°.
45. Le Comte d'Aché l'envoya au Confeil & partit.

En s'éloignant de Pondichery, il ne quittoit pas la
côte ; il étoit plein d'un projet qui lui avoit été infpiré
par les Officiers les plus expérimentés de la Compagnie, & fur lequel il importoit beaucoup de garder le

plus grand fecret. Il n'ignoroit pas que les Anglois a-voient des efpions qui les inftruifoient exactement de tout. Un autre motif avoit encore déterminé le Comte d'Aché à fortir de Pondichery ; on s'étoit toujours oppofé à toutes les opérations utiles que l'Efcadre auroit pû faire ; on avoit toujours jufqu'alors pris fes matelots pour renforcer l'armée de terre , & l'on avoit toujours tenu les Vaiffeaux emboffés fous la barre de Pondichery. Quand l'ennemi paroiffoit on donnoit au Comte d'Aché quelques hommes de ren-fort , peu de vivres , & dans cet état on l'envoyoit fe battre : l'armée de terre éprouvoit - elle quel-qu'échec , le feul remede que l'on connoiffoit étoit d'envoyer l'Efcadre attaquer l'ennemi ? On n'exami-noit point fi les Vaiffeaux étoient en état ou non ; on ne s'occupoit point de ce qu'ils pouvoient deve-nir après le combat : il paroiffoit feulement qu'on defiroit former une nouvelle armée des hommes qui compofoient fon armement. Le Comte d'Aché devoit donc garder le filence fur fes vues , pour les exécuter plus fûrement ; il y étoit d'ailleurs autorifé par fes inftructions , dont on donne l'art. N°. 46, il comptoit en fuivre l'intention & la lettre en tenant un Confeil au large.

Informé du peu de forces que les Anglois avoient à Mazulipatham , affuré de l'impoffibilité où l'Efca-dre Angloife étoit , par fon état actuel , & par la proximité du changement de mouffon , de rien en-treprendre de confidérable le long de la côte de Coromandel , le Comte d'Aché avoit projetté de s'emparer de ce comptoir que les Anglois nous avoient enlevé avec 150 hommes feulement, quoiqu'il y eût dans la Place 300 hommes pour la défendre, & des munitions de guerre & de bouche pour foutenir un long fiége. Il eft vrai que lors de l'attaque, M. de Moracin n'y commandoit plus, on avoit eu la précaution de le rappeller, ainfi que M. Buffy du Dekan.

Cette expédition devoit produire autant de bien à la Compagnie, que le féjour de l'Efcadre fous Pondichery devoit caufer de préjudice à cette Colonie. D'abord elle ne pouvoit y refter fans occafionner une forte confommation de vivres dont on manquoit déja. En fecond lieu, en reftant, il étoit néceffaire de la mettre en état de fe défendre contre l'ennemi qui pouvoit y venir l'attaquer. Il falloit pour cela avoir de quoi la réparer en agrès & en mâtures ; les uns & les autres manquoient: on difoit, & on le prouve par l'extrait de la lettre du Comte de Lally, N°. 47, qu'on en avoit à Negapatham ; le Comte d'Aché fçavoit tout le contraire par le Réfident même de la Compagnie dans ce comptoir. On ne pouvoit feulement pas à Pondichery fournir aux dépenfes de l'Hôpital, la lettre de M. de Leyrit ; N°. 48, en eft la preuve la plus convaincante. Le féjour de l'Efcadre fous Pondichery étoit donc la charge la plus onéreufe pour cette Colonie, & auroit caufé la perte des Vaiffeaux.

La prife de Mafulipatham au contraire rétabliffoit, au nord de cette côte, dans toute fa fplendeur,

le pavillon François dont on croyoit la gloire éclip-
fée. On faifoit ceffer les difcours injurieux de l'ennemi. Les Anglois auroient perdu une conquête
dont ils connoiffoient tout le prix ; ils étoient obligés d'en reporter des forces dans cette partie,
pour la confervation de leurs poffeffions voifines ; ils
ne le pouvoient fans diminuer celles qu'ils avoient
près de Pondichery ; cette Colonie dès ce moment
ne couroit plus les mêmes dangers , & fes forces
s'augmentoient, en raifon de la diminution de celles
des ennemis.

Si le Comte d'Aché eût demandé un Confeil mixte
pour ordonner cette expédition , envain auroit-il fait
valoir toutes ces raifons, elles n'auroient pas été écou-
tées ; on ne vouloit pas que l'Efcadre acquît la moindre gloire ; on lui envioit même jufqu'à l'honneur
d'être utile. La crainte avoit fubjugué tous les efprits ;
la terreur forçoit les plus fages à déférer à des avis
dont ils fentoient tout le faux. Ce Chef d'Efcadre
occupé uniquement du bien de l'Efcadre & de la
Compagnie, étoit déja à 15 lieues au large, quand le
Duc de Bourgogne lui apporta le protêt National
Nº. 49. Il reprend fur le champ la route de Pondichery , où il mouilla le 23.

On fait de nouvelles procédures à fon arrivée. Le
Comte d'Aché affemble de nouveau fes Officiers ; ils
perfiftent dans leur premier avis , & l'on confent,
pour le bien de la Colonie , de refter jufqu'au premier Octobre.

Le Comte de Lally lui-même perfuadé de la né-

H

cessité de laisser partir l'Escadre, chargea MM. de Leyrit & de Bussy de faire un arrangement avec le Comte d'Aché, qui, tout blessé qu'il étoit, se fit porter à terre pour le consommer. On lui demanda 1500 hommes, des boulets & de la poudre; la preuve de ces faits est consignée dans plusieurs piéces, & elle doit être confirmée par les dépositions de plusieurs témoins, & singuliérement par celles de MM. de Beauchesne, de Bussy & de Genlis. Enfin le Comte d'Aché donna 900 hommes, qu'il fit débarquer sous le commandement de M. de Genlis, le tiers des munitions qui lui restoient en poudre & boulets, & on acquiesça à son départ. On a déposé au Greffe de la Cour le reçu de M. de Leyrit, de portion de ces secours. On auroit dû, après cet arrangement, détruire, par un acte solemnel, l'acte qualifié protêt National; on n'en fit rien, & le Comte d'Aché ne l'exigea pas.

Le Comte d'Aché auroit dû prendre la précaution de constater le refus de la Nation, par des protestations de nullité, ou par un acte qui lui en eût tenu lieu. (Cet Officier général ne prévoyoit pas qu'un jour cet acte lui seroit juridiquement opposé.) Peu instruit des formes, & ne connoissant que l'art de la guerre, il pensoit qu'il lui suffisoit de remplir ce que ses instructions lui prescrivoient; il ne connoissoit qu'elles & son devoir pour régle, tout lui paroissoit rempli quand il avoit satisfait à l'un & à l'autre, & agi suivant la position où il se trouvoit.

Peut - on porter le même jugement du Comte

de Lally ? ce Général ignoroit - il que le trop de précaution décéle la fraude ? Il prévoyoit la perte prochaine de l'Inde , il fongeoit déja à fe difculper & à faire tomber les reproches fur le Comte d'Aché. Il a profité du départ du Comte d'Aché , devenu forcé par le mauvais état de fon Efcadre , par le défaut de fecours néceffaires à fes vaiffeaux , par la difette de vivres où l'on étoit à Pondichery , pour affembler la Nation ; il l'a fait protefter , par un acte folemnel , contre la perte de l'Inde qu'il ofe imputer au Comte d'Aché par ce même acte. Muni de cette piéce , il fe garde bien de paroître dans l'arrangement qui devoit en détruire l'effet , il en charge MM. de Leyrit & de Buffy. Cette affectation n'auroit pas dû échapper au Comte d'Aché ; mais la défiance n'a jamais fait le caractére de ce Chef d'Efcadre. Le Comte de Lally avoit provoqué le protêt National , il devoit en procurer la décharge au Comte d'Aché , ou du moins il ne devoit pas s'en faire des armes contre ce Chef d'Efcadre , puifque l'arrangement qui en détruit l'effet ne s'eft fait que par fes ordres & de fon confentement , & a été confommé chez lui-même ; & l'on invoque encore , fur ce fait fi intéreffant , les dépofitions de MM. de Beauchefne & de Buffy , & le certificat de M. de Leyrit, dépofé en original au Greffe de la Cour , qui établit qu'il a reçu partie de ces fecours. Donc le Comte de Lally en confentant au départ de l'Efcadre commandée par le Comte d'Aché , a annullé lui - même par le fait ,

& dans le même inftant, le protêt National qu'il avoit malignement provoqué. Voilà donc le Comte d'Aché libéré de l'effet de ce protêt National. Il y a plus, dans aucun cas ce protêt National ne pouvoit avoir d'effet contre lui, ni lui être valablement oppo-fé ; fes inftructions l'autorifent à ne pas déferer au réfultat des Confeils Nationaux, quand il y aura trop de rifque pour fes vaiffeaux. Le danger que l'Efca-dre couroit en reftant mouillée fous Pondichery, eft démontré par les avis détaillés des Capitaines de l'Ef-cadre qui en ont déterminé le départ. Ils ont, con-jointement avec ce Chef d'Efcadre, envoyé leur avis & le réfultat du Confeil de Marine, à celui de Pon-dichery. Les inftructions du Comte d'Aché ne lui prefcrivoient pas d'autres formes pour le difpenfer de fe conformer aux délibérations des Confeils mix-tes, il les a remplies ; le protêt National eft donc une piéce annullée par l'arrêté du Confeil de Marine, elle ne peut donc être valablement oppofée au Comte d'Aché.

Si cet acte peut avoir quelqu'effet, ce n'eft que contre le Comte de Lally lui-même, par fon affecta-tion à s'en fervir en le détachant de ce qui l'a précédé & fuivi, & en gardant le plus profond filence fur les fecours que le Comte d'Aché a donné, en partant, à Pondichery, tant en hommes qu'en munitions de guerre, aux dépens de fon Efcadre, & malgré les re-préfentations de M. de l'Eguille, & de tous les Ca-pitaines de fon Efcadre.

Tandis que l'on s'occupoit à Pondichery de procédures fans s'embarraffer de l'Efcadre Angloife, elle paroît le 26 Septembre à la pointe du jour, & prefqu'à portée de canon du Minotaure. La brife de terre régnoit. Le Comte d'Aché, fans s'étonner de la proximité du danger, fait appareiller fes vaif- feaux les uns après les autres. A neuf heures l'Efca- dre étoit fous voiles & parée pour le combat. Les Anglois qui n'avoient voulu que la furprendre, in- terdits de la manœuvre hardie du Comte d'Aché, s'étoient laiffé dériver, & étoient déja à plus de deux lieues fous le vent. Le Comte d'Aché fit courir fes vaiffeaux, mais il leur ordonna de tenir le vent. Il avoit déja paffé l'ennemi quand il fût arrêté par le calme. Il profita de cet inftant pour s'informer de l'état de chacun de fes vaiffeaux qu'il ignoroit. Il fe fervit de la brife du foir pour conferver le vent, ef- pérant fe battre le lendemain; mais il ne trouva plus d'ennemis : ce qui prouve que leur projet n'étoit pas de fe battre ; s'ils en avoient eu l'intention, ils au- roient tenu le vent comme ce Chef d'Efcadre. Il re- tourna à Pondichery, où il apprit, peu de jours après, que les Anglois s'étoient retirés à Madras.

Cet événement, qui juftifie toutes les craintes dé- taillées dans les avis des Capitaines au dernier Con- feil de Marine, étoit un motif de plus pour preffer le départ de l'Efcadre. Le 30 l'Armée du Roi battit celle des Anglois fous Vandavachy ; cette victoire fufpendit les dangers & les allarmes qui régnoient à Pondichery, le Comte d'Aché en partit le premier Octobre pour l'Ifle de France, où il arriva le 15 No- vembre fuivant.

Ce Chef d'Escadre trouva cette Isle dans un état encore plus déplorable que celui où il l'avoit laissée. M. Magon l'avoit dépourvue d'hommes pour l'expédition des Navires envoyés en Europe, & pour l'armement du Vaisseau *le Condé* & la Frégate *la Diligente*, pour l'expédition qu'on avoit envoyée en course dans le Golphe de Perse. On manquoit de vivres. M. Desforges Boucher qui avoit succédé à M. Magon dans le gouvernement de l'Isle de France, fait les mêmes représentations que son prédécesseur. On a recours aux mêmes expédiens. On détermine d'envoyer au Cap chercher des vivres.

Il falloit aussi porter à Pondichery les secours dont cette Colonie avoit besoin. Les Vaisseaux du Roi étant hors d'état de reprendre la mer, le Comte d'Aché résolut avec M. de l'Eguille, & le Gouverneur, d'armer trois Vaisseaux de la Compagnie, que l'on feroit escorter par *le Comte de Provence*, vaisseau de guerre de la Compagnie, & d'en donner le commandement à M. de Bauchene, Capitaine des Vaisseaux du Roi.

Les Capitaines des Vaisseaux de la Compagnie firent sur cela des représentations, prétendant que le commandement d'un Vaisseau de la Compagnie leur appartenoit de droit, & que dans aucun cas le Comte d'Aché n'avoit celui de le donner à un Officier de la Marine du Roi. M. Desforges Boucher ayant eu une conférence verbale avec ce Chef d'Escadre sur ces représentations que le Conseil appuyoit de son autorité, le Comte d'Aché demanda qu'elles

lui fuſſent remiſes par écrit. Elles ſont ſous le N°. 50.
Le Comte d'Aché les communiqua au Conſeil de
Marine qui fit à M. Desforges Boucher la réponſe,
N°. 51 qui contient des proteſtations authentiques
& ſon déſiſtement. L'on fit encore quelques écritures dont le détail ſeroit ici inutile, & l'expédition
n'eut pas lieu. La néceſſité d'avoir des vivres ſervit
de prétextes à beaucoup d'armemens qui ne produi-
ſoient que peu de reſſources ; on les faiſoit aux dépens de la Compagnie, & ils ne tournoient jamais
qu'au profit de quelques particuliers. De là une diſette perpétuelle, ou, ce qui n'eſt pas moins effrayant,
la crainte continuelle de la famine, ſource funeſte
de diviſion dans les eſprits, & de querelles qui re-
tardoient les opérations néceſſaires ou utiles au bien
du ſervice. Le ſoin d'appaiſer ces diſſenſions occupoit le Comte d'Aché ; ce Chef d'Eſcadre déſiroit
réarmer une Eſcadre pour repaſſer dans l'Inde. Il y
travailloit avec ardeur, lorſque la nuit du 27 au 28
de Janvier 1760, il ſurvint un ouragan furieux qui
dura deux jours, & réduiſit l'Iſle de France à l'extrêmité la plus triſte.

Trente-deux Bâtimens, tant ceux du Roi que de
la Compagnie, furent jettés à la côte, les uns ſur
des roches, les autres ſur des vaſes. Le Seychelles
fut totalement briſé, une iſle de corail s'éleva ſur
ſes débris. Les chaloupes, canots & bâtimens à ra-
mes, furent coulés bas ou briſés à terre. Les mai-
ſons, caſes à Négres, les magaſins furent renverſés.
Les vivres en grenier mouillés, les bleds encore ſur

pied furent déracinés ou inondés par les eaux qui formoient partout de vastes étangs. Les Rivieres se débordérent & entrainerent les volailles & même les bestiaux. Tout portoit l'empreinte de la désolation la plus affreuse. Que l'on se représente la tableau effrayant de l'ouragan. Le Ciel ne devient plus serein que pour mieux en éclairer toute l'horreur. Il faut faire sécher les Grains pour pourvoir à la subsistance la plus instante. Il n'avoit pas été possible, d'en porter pendant l'ouragan aux équipages restés à bord, ils ne vivoient que d'une ration modique qu'on leur distribuoit journellement. On presse la réparation de quelques canots pour porter quelques provisions, & sustenter ces infortunés qui n'avoient rien pris depuis trois jours. Quelle image !

Le Comte d'Aché regarde du rivage ses vaisseaux, l'espoir du salut de l'Inde, sa seule ressource, cette Escadre que le Roi lui a confiée pour sa défense, dont il lui a prescrit la conservation. Tandis que la famine détruit les hommes, les élémens semblent conjurer la ruine de ses vaisseaux, son ame en est émue, son cœur se serre de douleur ; il regrette de n'avoir pas trouvé la mort, lorsqu'il soutenoit la gloire du pavillon de son Maître, & l'honneur de la Nation. Chaque Officier partage la douleur de son chef, tous s'unissent à lui : l'excès du malheur ranime les courages, réveille les esprits ; on cherche le moyen de le réparer, on s'occupe des expédiens les plus prompts pour relever les vaisseaux échoués ; chacun invente des machines pour cet effet : enfin tous travaillent

vaillent avec autant d'ardeur, & avec plus ou moins de succès.

On étoit au milieu de ces opérations, lorsque M. le Contrôleur-Général écrivit au Comte d'Aché que les Anglois faisoient un armement considérable pour s'emparer de l'Isle de France, & que l'on espéroit qu'en cas qu'il fût absent de ce lieu, il y retourneroit promptement pour la défendre : la Compagnie écrit de même à ce Commandant, & ajoute qu'elle donne ordre au Gouverneur de lui dépêcher un avis dans le cas où il ne seroit pas à l'Isle de France. Ces deux lettres sont déposées en original au Greffe de la Cour.

Dans un conseil mixte assemblé le 26 Mai, il avoit été décidé, pour soulager la Colonie de la famine dont elle étoit menacée, d'envoyer d'abord à Foule-pointe les vaisseaux du Roi, *le Minotaure, l'Actif,* & *le Centaure,* ensuite *le Zodiaque, le Vengeur,* & les autres qu'il seroit possible d'armer. Les lettres dont on vient de parler, arrivées par *la Diligente* le 8 Juin, demandoient de nouveaux arrangemens. On tint en conséquence le 10 un nouveau conseil, par lequel il fut arrêté que l'exportation des vaisseaux déterminée par la délibération du Conseil du 26 Mai, auroit toujours lieu ; & par l'art. 4. il fut dit expressément : » Que si au contraire, les vaisseaux trouvent à s'approvisionner à Foulepointe, » comme on l'espere, ils se conformeront aux ordres » du Commandant de l'Escadre, qui les leur donnera » en conséquence de ceux qu'il aura reçus lui-même

I

» du Comte d'Aché ; lequel de son côté prendra
» tel parti qu'il avisera bon être ; mais dans tous les
» cas, les vaisseaux expédiés pour Foulepointe, ne
» doivent venir chercher à l'Isle de France aucun se-
» cours de vivres avant le 10 Avril 1761, n'y
» ayant aucune apparence que cette Isle soit pour-
» vue de vivres avant ce tems ; & au cas que lesdits
» vaisseaux qui seront à Madagascar vers le 10 d'A-
» vril prochain, se trouvent suffisamment pourvûs
» de vivres, & ne reçoivent pas d'ordre du Comte
» d'Aché, ils pourront prendre du 10 au 15 dudit
» mois d'Août prochain, tel parti qu'ils jugeront
» avantageux pour le bien du service «.

M. de l'Eguille, & M. de la Guarigue, son Capitaine en second, ne signerent qu'après avoir pro-
testé avec fondement, contre leur sortie, dans un
tems où leur présence étoit nécessaire.

M. le Chevalier de Rhüis, avant de signer, rappel-
lant l'art. 4. que l'on vient de transcrire, mit : » J'ai
» ajouté avant l'enregistrement de la présente délibé-
» ration, que par cet article qui exclut le retour des
» vaisseaux dans l'Isle pour y prendre des vivres, je
» n'entends point que cela empêche que lesd. vais-
» seaux étant approvisionnés suffisamment, ils ne
» puissent prendre tel parti qu'il conviendroit pour
» mettre à couvert & protéger les possessions de la
» Compagnie «. Cette observation révolta, & tout
le Conseil se réunit pour faire une protestation, en
ajoutant, : » Par l'article 4 de la présente délibé-
» ration, le Conseil n'a pas entendu exclure les Eta-

⮚ bliſſemens de la Compagnie , de la protection que
⮚ M. d'Aché peut leur donner avec le ſecours de
⮚ ſon Eſcadre «. On joint ici le Procès verbal de ce
Conſeil N°. 52.

Le 27 Juin on dépêcha de l'Iſle de France à Pondichery un bâtiment pour y porter les paquets adreſ-
ſés au Comte de Lally & à la Compagnie ; on inſtruiſit
en même-tems le Conſeil des nouvelles reçues à l'Iſle
de France , de la ſituation de cette Iſle , de l'état de
l'Eſcadre , tant par les ſuites de l'ouragan que par la
diſette d'hommes & de vivres , & par conſéquent du
peu d'eſpérance de la voir cette année à la côte.

Le croira-t-on ? Le Conſeil de l'Iſle de France eut
la malignité d'écrire par cette voie au Comte de Lally une lettre , par laquelle il ſe permet contre le
Comte d'Aché les imputations les plus atroces. Jamais la calomnie n'a répandu ſon fiel avec plus d'a-
mertume ; cette lettre a été repréſentée à ce Chef
d'Eſcadre dans les interrogatoires. Elle porte le ca-
ractere diſtinctif & révoltant de toutes les lettres ano-
nymes. Il faut avoir lû cette piéce , pour pouvoir ſe
perſuader qu'elle ſoit l'ouvrage du Conſeil Supérieur
d'une Colonie , d'un Corps dont le nom inſpire du
reſpect , & ſuppoſe dans les Membres qui le forment
toutes les qualités éminentes du Magiſtrat ; ce n'eſt
que parce que l'intérêt d'une défenſe légitime l'exige ,
que le Comte d'Aché démontrera par les faits dont
il lui reſte à rendre compte , combien ce Conſeil a
été inconſéquent dans ſes démarches & dans ſes délibérations. Le 14 Juillet on reçut des lettres du

Conseil de Pondichéry, du 28 Février, qui annonçoient que le Commandeur Cornik étoit arrivé à Madras avec quatre vaisseaux de guerre & deux frégates , & que l'Amiral Pokok ne devoit pas tarder à le
joindre ; en conséquence on demandoit des secours.

Le 15 le Conseil de l'Isle de France écrit au Comte
d'Aché la lettre , N° 53 , par laquelle il marque à ce
Chef d'Escadre : » vous sçavez ce qu'il y a de troupes
» en cette Isle , nous ne devons ni ne pouvons nous
» en dégarnir , la Cour nous a donné des ordres à
» ce sujet ; ce ne peut donc être , M. , que dans *vos*
» *lumieres* , *vos ressources & votre zéle pour le bien*
» *de l'Etat* , que le Conseil peut espérer le secours si
» désirable pour Pondichery , & il se donnera bien
» de garde de vous rien prescrire , il croiroit man-
» quer à ce qu'il doit à votre grade & à vos qualités
» personnelles.

Est-il rien de plus inconséquent ? Ce Conseil ne
voyoit-il pas par lui-même dans quel état étoient les
vaisseaux dont l'armement étoit arrêté à tout moment
par ce qui manquoit ? Céla étoit si vrai , que depuis
l'arrêté du Conseil mixte , du 10 Juin , on n'avoit
encore pu faire sortir que le *Centaure*. Que pouvoit-
on attendre de l'expérience & des lumieres du Comte
d'Aché ? Elles pouvoient être utiles pour diriger l'u-
sage des forces , mais non pour en créer. Quelles ressources pouvoit-il avoir pour secourir Pondichery ?
Il n'avoit pas un vaisseau de son Escadre en état , il
manquoit de vivres , d'hommes , d'agrès. De quel
secours pouvoit être son zéle ? Le Conseil avoit des

troupes & des ordres pour ne s'en pas dégarnir. Le Comte d'Aché n'avoit pas d'Escadre ; mais s'il en avoit eu une, n'avoit-il pas des ordres pour défendre l'Isle de France avec ses vaisseaux ? Le Conseil n'en avoit-il pas reçu pour lui envoyer un avis, dont l'objet étoit de l'y faire revenir, s'il n'y étoit pas au moment où ces ordres y arriveroient ? Il ne pouvoit donc pas plus le dégarnir de ses vaisseaux, que le Conseil de ses troupes, puisqu'il avoit les mêmes ordres que lui à cet égard ? Ce Conseil les connoissoit, ces ordres, il les avoit entre les mains ; ils n'étoient parvenus au Comte d'Aché que par son canal. Que prétendoit-il donc par cette lettre ? Se décharger de la perte de Pondichery, faute de secours, & en charger le Comte d'Aché ? Mais pour le secourir, il falloit qu'il en eût les moyens. Il manquoit de tout. Sans vaisseaux, sans hommes, sans vivres, quels secours pouvoit-il donner ? Pour juger de l'esprit de cette Lettre, qui est un espece de protest, il ne faut que se rappeller ce qui s'est passé à Pondichery dans les derniers jours que le Comte d'Aché y a passé. On fait protester la Nation contre son départ pour l'y faire rester, quoiqu'on n'ait rien à lui fournir, ni vivres, ni agrès, ni apparacy, & que par conséquent il ne pût y être d'aucune utilité. A l'Isle de France où il est nécessaire pour la défense de la Colonie, où il a ordre de rester pour sa conservation, où le Conseil voit l'état de ses vaisseaux, l'impossibilité où il est de les faire sortir, ce même conseil le presse de donner des secours à Pondichery, & voudroit le rendre responsable de la perte. Le protest fait à Pondichery, & cette Lettre ne prouvent-ils pas que partout dans l'Inde on avoit le projet d'accabler la Marine, toujours sacrifiée dans cette campagne, où elle seule a soutenu les armes du Roi, & sur laquelle seule a tombé tout le poids de la misere.

La réponse du Comte d'Aché à cette lettre fut simple, sa position étoit trop connue pour qu'on pût insister. On ne parla plus de secourir Pondichery. Mais le premier Août le Conseil de l'Isle de France écrivit à ce Commandant, pour lui représenter de nouveau la disette des vivres & la nécessité d'en exporter des hommes. Le Comte d'Aché y répondit le 2. Sa réponse N° 54 contient des propositions très-sages, & qui certainement en remplissant les vues du Ministre & de la Compagnie, procuroient des moyens de diminuer les consommations. Le Conseil fit la réponse, N° 55, qui n'en contient aucuns sur ces propositions.

Enfin, le Conseil ne voulant jamais répondre positivement sur la quantité d'hommes de mer nécessaires à la défense de cette Colonie, il fut déterminé que M. de l'Eguille, M. Barin, Colonel du Régiment de Cambresis, & le Gouverneur, visiteroient ensemble les ports & côtes de l'Isle, pour prendre quelques mesures à cet égard. Il en résulta, suivant l'avis N° 56, que l'Escadre n'étant point assez en forces pour défendre à la fois les deux parties du port du sud-ouest, elle resteroit dans celui du nord-ouest, & qu'on prépareroit *le Zodiaque*, *le Minotaure*,

l'Actif, *le Vengeur*, *le Comte d'Artois*, & *le Fortuné*, s'il étoit possible, & qu'on envoyeroit au *Centaure* ordre de revenir, pour être en état d'appareiller, & d'aller au-devant des ennemis lorsqu'ils paroî-
troient. On voit d'abord par cet arrangement, que le
19 Août l'Escadre étoit réduite à sept vaisseaux, qui
n'étoient pas même encore armés. On doit naturellement en conclure qu'il ne devoit plus être question
d'une exportation d'hommes. Cet arrangement par
écrit paroissoit devoir être stable & immuable.

Le Comte d'Aché le croyoit avec toute l'Escadre.
Le 28 d'Août il reçoit la lettre du Conseil de l'Isle de
France, N°. 57, il voit à la tête de la liste de ceux qui
l'ont signé, les noms de MM. Barin & Desforges. Il
leur en témoigna sa juste surprise dans sa Lettre N°. 58
& leur demanda si c'étoit avec eux ou avec le Conseil seul qu'il devoit traiter à l'avenir. Ils firent la
réponse N°. 59, par laquelle ils annoncent que l'arrangement qu'ils avoient fait ne pouvoit valoir qu'autant que l'exécution en seroit pratiquable, & que
c'étoit au Conseil à juger s'il étoit possible ou non
de l'exécuter. On voit par cette réponse que Messieurs Barin & Desforges, sentant la nécessité de conserver l'Escadre pour la défense de l'Isle, désiroient
qu'elle restât, mais que le Conseil ne le vouloit pas.

Telles étoient les contradictions continuelles que
le Comte d'Aché éprouvoit dans toutes les opérations. Le Conseil détruisoit celles qui étoient arrêtées par le Gouverneur, & l'on va voir bientôt ce
dernier par un *P. S.* joint à une Lettre du Conseil,

mettre une reſtriction au contenu d'une de ſes Lettres. Jamais Commandant ne s'eſt trouvé dans une
poſition plus critique. Il falloit cependant prendre
un parti : le Comte d'Aché prit le plus ſimple ; ce
fut de le laiſſer déterminer au Conſeil de la Marine.
Le 29 il l'aſſembla, il mit ces Lettres ſous ſes yeux,
& ſur le vû des piéces on fit l'arrêté N°. 60, par
lequel il fut décidé qu'on feroit partir les Vaiſſeaux,
& l'on proteſta contre tout ce qui pourroit en réſul-
ter de fâcheux pour la Colonie, dont il ſe déchargea.

Eſt-il rien de plus ſingulier que les contre-tems
que le Comte d'Aché a éprouvés dans l'Inde ? A Pondichery on n'a pas de quoi faire vivre l'Eſcadre,
de quoi la réparer, & on s'obſtine à vouloir l'y
garder. A l'Iſle de France, le Miniſtre & la Compagnie y déſirent ſa préſence pour la défendre, le
Conſeil a des ordres précis de l'y faire revenir ſi
elle n'y eſt pas, elle y eſt, & le Conſeil de cette
Iſle veut qu'elle en ſorte. A quels ordres le Commandant devoit-il obéir ? Le Roi, le Miniſtre &
la Compagnie en avoient donné à ce Chef d'Eſcadre.
Devoit-il préférer ceux du Conſeil de cette Iſle ;
cette Compagnie ne ceſſoit de faire des écritures,
des repréſentations, des proteſtations, la famine &
la crainte de ce fléau en étoit toujours la baſe &
le prétexte. Le Comte d'Aché ne pouvoit ſe procurer de vivres que par la médiation du Conſeil, il
ne pouvoit armer ſes Vaiſſeaux qu'avec le concours
de ſon autorité, il ne pouvoit exécuter les ordres
de la Cour, qu'autant qu'il auroit des vivres, des

hommes

hommes & des Vaisseaux. On ne lui donnoit aucun secours ; la néceffité le foumettoit au Conseil. Cette contradiction continuelle , cette inconféquence de conduite de la part des Conseils, ne devoient-elles pas naturellement entrainer la perte des Poffeffions de la Compagnie ? Ne forçoient-elles pas l'Escadre à une inaction dont elle étoit la fuite ?

Le Comte d'Aché écrivit au Conseil la Lettre N°. 61 , pour lui faire part de l'arrêté du Conseil de Marine. Celui de l'Ifle de France fit la réponfe N°. 62 , par laquelle il demande qu'on lui laiffe 1800 hommes pour la défenfe de la Colonie, & promet de fournir aux Vaiffeaux des vivres pour partir.

M. Barin & M. Desforges en foufcrivant cette Lettre, crurent devoir rappeller au Comte d'Aché la propofition qu'ils lui avoient faite le même jour de concerter une diminution dans les Vivres , tant pour les Troupes de terre que pour celles de mer , afin de faciliter la fubfiftance de toutes les Troupes jufqu'au premier Octobre ; mais quelle confiance ce Chef d'Escadre pouvoit-il prendre dans ce *retentum* , après la Lettre de MM. Barrin & Desforges dont on a parlé N°. 59 ? Le Conseil ne l'avoit pas figné avec eux , il n'en avoit pas conftaté & arrêté la poffibilité. Cette nouvelle obfervation de leur part n'étoit donc qu'une inconféquence de plus.

Les Matelots feuls, depuis leur arrivée dans l'Inde, avoient été réduits à douze onces de pain par jour , & 8 fols pour légumes & viande, tandis que le Soldat

K

de la Garnison avoit toujours eu ses dix-huit onces ;
cette inégalité de traitement étoit d'autant plus in-
juste, que le Matelot, occupé journellement à un
travail pénible, paroissoit devoir mériter d'être traité
plus favorablement que le Soldat de terre qui n'avoit
aucun travail à faire, qui n'étoit employé qu'à
garder, & dont la fatigue n'étoit pas à beaucoup
près aussi grande. Mais dans tous les temps, & par
une fatalité inconcevable, le Matelot, cette espece
d'homme si utile, & déja malheureusement trop rare
en France, a toujours été le plus maltraité dans les
Colonies de l'Inde. Veut-on en sçavoir la raison ? Les
recrues des Soldats coûtoient à la Compagnie ; celles
des Matelots n'étoient point à sa charge : de-là l'in-
juste inégalité de traitement.

Au milieu de toutes ces discussions il arriva des
secours en vivres, & les Vaisseaux resterent. A la fin
de Décembre 1760, le Comte d'Aché voyant que
la saison ne permettoit plus aux Anglois de venir
attaquer l'Isle de France, que l'Escadre que l'on pouvoit armer étoit trop foible pour pouvoir l'opposer
avec avantage aux forces que les Anglois avoient
dans l'Inde, que les hommes de cette Escadre étoient
exténués de fatigues & de travaux qui avoient épuisé
leur santé, profita de la permission expresse que le
Roi lui avoit accordée deux ans auparavant de re-
passer en Europe. Il remit le commandement de la
Marine à M. de l'Eguille & s'embarqua sur une Fregate de la Compagnie, pour rendre compte au
Ministre de sa mission.

Il peut fe glorifier de l'avoir remplie dans tous les points. Le Roi lui avoit ordonné d'attaquer les Anglois partout où il les trouveroit ; il s'eft battu trois fois contr'eux, & fi les combats qu'il a livrés, & dans lefquels il a toujours eu l'avantage, n'ont pas produit dans la fuite tout le fuccès qu'on en devoit attendre, ce n'eft pas au Comte d'Aché qu'il faut l'imputer. Il faut d'abord en attribuer la caufe au défaut des reffources néceffaires aux réparations d'une Efcadre, & ce défaut a toujours empêché la fienne d'agir utilement ; 2°. à ce qu'on a toujours forcé le Comte d'Aché à refter emboffé fous la barre de Pondichery ; 3°. à ce que le Commandant de terre n'a jamais voulu agir de concert avec la Marine ; 4°. à ce que ce Commandant n'a jamais employé le tems que l'Efcadre pouvoit paffer à la côte de Coromandel, aux opérations auxquelles elle pouvoit contribuer, & qu'il a fait ces mêmes opérations précifément dans la faifon où elle ne pouvoit y être.

Les inftructions du Comte d'Aché portoient de remettre à Pondichery les fecours qu'on lui confieroit pour cette Place ; il y a remis exactement tous ceux qui lui ont été donnés à convoyer tant en Europe qu'à l'Ifle de France ; & malgré la fupériorité de leurs forces, les Anglois n'ont pris aucun Vaiffeau de fon Efcadre, ni aucune Flûte partie fous fon convoi : il a donc rempli fa miffion exactement. Ce Chef d'Efcadre devoit-il s'attendre à aucune imputation ni aux fuites d'une procédure extraordinaire ?

Il n'attribue point au Confeil de Pondichery les

Actes dans lesquels cette Compagnie paroît avoir influé. Tant que les Membres de ce Conseil ont été libres, ils ont rendu justice au Comte d'Aché ; & ces Magistrats, dans l'amertume de leurs cœurs, lui en ont plus d'une fois porté leurs justes plaintes. Il sçait tout ce que ces Citoyens remplis d'honneur & de zèle ont souffert ; il sçait combien leurs délibérations étoient gênées. Si le Conseil a désiré que l'Escadre restât à la Côte, quoiqu'il en sentît l'inutilité & le dommage qui pouvoit en résulter, c'est qu'il espéroit opposer autorité à autorité, & tempérer ainsi l'excès du despotisme sous lequel la Colonie gémissoit. Les dépositions de ceux qui ont été entendus au procès doivent l'avoir constaté. Le Comte d'Aché se réfere à tout ce qu'il a dit sous la religion du serment dans ses réponses aux interrogatoires, & dans les confrontations qu'il a subies dans le cours du Procès, dans lesquels il a tenu comme aujourd'hui le simple langage de la vérité. *Signé*, le Comte D'ACHÉ.

Monsieur PASQUIER, Rapporteur.

DESJOBERT, Proc.

PIECES

PIECES

*ARTICLE VII. du Mémoire de la Compagnie des Indes, pour
servir d'instruction à M. le Comte d'Aché, intitulé :*

OPÉRATIONS *proposées à la Côte de Coromandel pendant les
mois d'Août & Septembre, & les premiers jours d'Octobre.*

O N supposera ici que toutes les forces soient arrivées à tems
à l'Isle de Madagascar, qu'elles se trouvent supérieures à celles
des ennemis, & que rien ne s'oppose aux entreprises que l'on
voudra former, soit pour attaquer les Etablissemens de la Compagnie Angloise, pour combattre les Navires Anglois qui sont
dans l'Inde, ou pour intercepter leur Commerce & leur Navigation.

En effet, si toutes les forces qu'on se propose d'envoyer dans
l'Inde y arrivent heureusement, on peut se flatter d'y avoir une
très-grande supériorité, puisqu'on y aura 10 Navires de ligne &
5 Frégates, dont trois de 40 canons & une de 26, & que
les Anglois n'ont dans les mers de l'Inde que six Navires, dont
quatre seulement de ligne ;

Nº. 1.

L'original de
ce Mémoire a
été déposé au
Greffe de la
Cour par la
Compagnie.

SÇAVOIR,

Le Kent, Contre-Amiral Wafton de	70 canons.
Le Cumberland, Contre-Amiral Pokok de . .	66
Le Tigre, Capitaine Latham de	60
Le Salisbury, Capitaine Knowler de . . .	50
Et deux Frégates, dont	
Le Briggwater, Capitaine Martin, de . . .	20
Et le Kinfficher, Capitaine Michel de . . .	12

On ignore à la vérité s'ils ne feront pas passer quelques nouveaux Navires dans les Indes, & il y a des nouvelles qui ont
marqué qu'on y destinoit,   A

L'Elizabeth, Capitaine George Montagne de . **70 canons.**
L'Anſon, Capitaine Maun de 60
Et l'Yorck, Capitaine Pigott de 30

Mais on n'étoit pas aſſuré qu'ils duſſent dépaſſer Sainte-Helene.

N°. 2. *EXTRAIT des Inſtructions données par le Roi à M. le Comte d'Aché le 23 Janvier 1757.*

L'objet de la conſervation des vivres eſt un article des plus eſſentiels, & auquel le ſieur Comte d'Aché & le ſieur de Mondion doivent veiller avec le plus grand ſoin, d'autant plus que les qualités des grains & des vins de la derniere récolte ont été moins bonnes que les années dernieres.

N°. 3. *MÉMOIRE de M. Magon, Directeur de la Compagnie des Indes, Commandant à l'Iſle de France, lû au Conſeil le 23 Décembre 1757.*

La poſition préſente des affaires demanderoit les plus ſérieuſes réflexions, ſi la circonſtance laiſſoit la liberté de choiſir ; mais elles impoſent la néceſſité d'un ſeul parti à prendre, qui eſt l'expédition des Vaiſſeaux & des Troupes. Je vais en faire voir la vérité.

1°. Il nous reſte à peine pour deux mois de vivres en farine & en bled, après quoi il faudra toucher à l'armement des Vaiſſeaux que je ne ſuppoſe que de quatre mois, MM. de Mondion & Babinet ſont inſtruits de cette triſte vérité. Si nous touchons à l'armement des Vaiſſeaux, nous nous jettons dans l'impoſſibilité de pouvoir jamais les expédier. Les ſecours qu'on peut attendre de France, en ſuppoſant même qu'ils paſſent auſſi heureuſement que cette année, ne pourront ſuffire qu'à l'approviſionnement des nouvelles forces qui arriveront ; des eſpérances plus flatteuſes ſeroient ſans fondement. On me propoſera peut-être l'expédient de la farine de Mahy ; mais quelle triſte reſſource ? quel mécontentement de la part des troupes & des équipages ? que de maladies en seront les suites ? Cet expédient ne pourra même avoir lieu pour les malades.

2°. Il me reste encore pour environ trois mois de vivres frais, suivant le traitement qu'on fait à présent aux troupes & aux Vaisseaux ; mais outre que la quantité qu'on leur donne n'empêche pas totalement la consommation de la viande sallée qui ne peut être remplacée, quel parti prendra-t-on après les trois mois expirés ? La saison deviendra encore plus contraire, & il deviendra absolument nécessaire d'aller à Bourbon & à Madagascar dans le mois de Mars, c'est-à-dire, dans la saison la plus critique de l'année. La situation de Bourbon ne permet pas d'espérer d'y trouver tout ce dont on aura besoin. Il faudra donc aller à Madagascar ; alors quel ravage n'y feront pas les maladies ? quelle perte d'hommes ? dure nécessité, mais indispensable, à moins d'exposer le tout à mourir de faim.

3°. Le port n'offrira point un asyle assuré aux Vaisseaux pendant les ouragans depuis Février jusqu'en Mars, ils tomberont les uns sur les autres dans la plus horrible confusion, si un seul vient à chasser ; accident trop fréquent pour ne pas s'y attendre.

4°. Les Troupes souffriront beaucoup pendant les fortes pluyes des mois de Février & de Mars, leur camp sera inondé, & je ne vois aucun moyen de les en préserver. Après cet exposé je passe aux partis qui me paroissent les seuls à proposer.

1°. L'expédition de tous les Vaisseaux de l'Escadre, & qui seroit sans doute le plus convenable. Trois à quatre cens bœufs que j'ai au port de Sud-Est en assez bon état, pourroient servir à l'approvisionnement ; on y joindra des tortues & toutes les volailles qu'on pourroit prendre en vingt-quatre heures, & qu'on en pourroit tirer.

2°. L'expédition d'une partie des Vaisseaux ; si tous ne peuvent se trouver prêts le 10 Janvier, on expédiroit ceux qui le seront, qui doivent être en assez grand nombre pour tenir toutes les Troupes.

L'approvisionnement se feroit comme ci-dessus. De cette façon l'Isle se trouveroit débarrassée d'une consommation insoutenable, & je crois qu'on sera obligé de s'arrêter à ce dernier parti. Dans ce cas les Vaisseaux approvisionnés, il resteroit à se décider sur la route pour se rendre aux Indes. Celle par la tête du nord de Madagascar seroit, malgré la saison, la plus courte : on iroit chercher la passe des neuf degrés & des quatorze pour se rendre à la Côte de Malabar, où on prendroit langue si on le jugeoit à propos ; quand même l'ennemi seroit devant Pondichery, on seroit maître de débarquer à Mazulipatham.

Si on prend la route du Sud, qui est la plus sure, quoique la plus longue, on iroit chercher Achem, où on prendroit des rafraîchissemens, & où on laisseroit des avis & même une personne de confiance pour avertir les Vaisseaux qui viendroient ensuite, de ce qu'ils ont à faire pour se rejoindre. On iroit d'Achem chercher la Côte de Coromandel, dont on prendroit connoissance le moins dans le Sud qu'il seroit possible, observant cependant que dans le mois de Février les courants portent dans le Nord avec violence. On tâcheroit de n'approcher la Côte que vers le soleil couchant ; les deux Frégates placées de distance en distance feroient les signaux des Vaisseaux qu'elles découvriroient. Si l'ennemi étoit devant Pondichery en forces supérieures, il n'oseroit cependant en sortir de peur de prendre le change ; on pourroit donc aller débarquer à Mazulipatham. Mais si l'on n'apperçoit rien à Pondichery, on y débarqueroit les Troupes : ensuite on employeroit les Vaisseaux suivant les circonstances, ou on les garderoit le plus près de la côte qu'il seroit possible pour les mettre sous la protection du canon ; on sçait assez la force des Vaisseaux embossés qui n'ont qu'un côté à défendre. . . . .

. . . . . . J'avois ici avant l'arrivée de l'Escadre 3195 hommes de Marine. M. le Comte d'Aché est en état de vous faire rendre compte de ceux qui sont sur ses Vaisseaux ; je pense qu'il faut soustraire quatre à cinq cens malades de ce nombre, après quoi on peut prendre un arrangement fixe sur le *nombre & la quantité* des Vaisseaux qu'il convient d'armer. Vous êtes animé du bien de l'Etat & de la Compagnie, décidez ce qu'il convient de faire ; j'ai fait mon devoir en vous représentant l'état des choses.

DÉCLARATION *faite au Conseil par M. Magon après avoir donné son avis.*

Je fouffigné déclare n'avoir que pour quarante jours de vivres à donner aux Vaiffeaux, après quoi ils feront obligés de vivre fur leur armement, ce qui peut rendre leur expédition impoffible. Je puis trouver Blancs & Noirs, fuivant le compte qui qui en a été fourni, 4476.

Je demande au Confeil s'il juge convenable que toutes les Troupes paffent fur une partie des Vaiffeaux, ou s'il convient d'attendre que le tout foit prêt ; dans quel termes on prendra le parri de partir avec ce qui le fera.

Je m'oblige auffi-tôt que je ferai en état d'armer un Vaiffeau avec les Matelots malades, de l'armer & de l'envoyer auffi-tôt à M. le Comte d'Aché ; & je reconnois que par une conduite différente je ferois coupable d'avoir agi contre le fervice du Roi & de la Compagnie. *Signé*, MAGON.

DÉLIBÉRATION *du Conseil mixte du 23 Décembre 1757.*

Le Confeil mixte affemblé par M. le Comte de Lally à la requifition de M. le Comte d'Aché, Chef d'Efcadre des Armées Navales de Sa Majefté, & à celle de M. Magon, Directeur de la Compagnie des Indes, Commandant Général des Ifles de France & de Bourbon, pour délibérer fur la circonftance préfente, il a été délibéré & arrêté toute autre affaire ceffante, de travailler à l'armement des Vaiffeaux le Zodiaque, le Comte de Provence, le Bien-Aimé, le Vengeur, le Duc de Bourgogne, le S. Louis, le Duc d'Orleans, le Condé, le Moras, la Silphide & la Diligente qui doivent compofer l'Efcadre fur laquelle doit être embarqué M. le Comte de Lally avec fes Troupes pour partir du 20 au 25 Janvier ; il a été de plus arrêté que le Confeil fe raffembleroit le 15 dudit mois de Janvier, pour prendre un parti définitif fur le rapport qui feroit fait de l'état de l'armement defdits Vaiffeaux, & ont figné,

EXTRAIT du Mémoire de la Compagnie des Indes, rémis à M. de Machault, pour servir d'instructions à M. le Comte d'Aché.

ARTICLE PREMIER.

M. le Comte d'Aché, indépendamment des trois vaisseaux du Roi qui sont à ses ordres.

SÇAVOIR,

Le Zodiaque de	74 canons.
Le Belliqueux de	70
Le Superbe de	64

doit avoir le commandement de tous les vaisseaux dont est composée l'expédition actuelle que la Compagnie des Indes fait pour l'Inde, & de ceux qui se trouveront dans l'Inde.

L'Expédition actuelle est composée :

1°, De trois Vaisseaux & deux fregates armés en guerre ;

SÇAVOIR,

Le Comte de Provence de . . .	58 canons.
Le Bien-Aimé de	58
Le Vengeur de	54
La Silphide de	30
La Diligente de	26

Le Comte de Provence & le Bien-Aimé n'auront à leur départ d'Europe que du canon de 24 à leur premiere batterie ; mais la Compagnie espere qu'on sera en état à l'Isle de France, de leur substituer du canon de 36.

2°. De plusieurs navires qui seront armés en guerre à l'Isle de France ; sçavoir un navire de 58 canons & un navire de 54, y compris le Duc d'Orléans qui eſt actuellement dans l'Inde, & qui a ordre d'y reſter.

Ces Navires ſont,

Le Centaure de 58 canons, dont 28 de 24 dans ſa calle, & 30 de 12 ſur ſon ſecond pont.

Le Saint-Louis de 54 canons, actuellement armé de 26 canons de 12, & qui ſera armé à l'Iſle de France de 26 canons de 18 & de 28 de 8.

Le Duc de Bourgogne de 54 canons actuellement armé de 28 canons de 12, & qui ſera armé à l'Iſle de France comme le Saint-Louis.

Le Duc d'Orléans de 54 canons, dont 26 de 18, & 28 de 8.

3°. De quatre autres navires, dont trois de 44 canons, & un de 42.

S ç A V O I R ,

Le Moras de 44 canons, actuellement armé de 24 canons de 8, & qui ſera armé à l'Iſle de France de 20 canons de 12 & de 24 de 8.

Le Condé de 44 canons, armé & à armer comme le Moras.

Le Montaran de 44 canons, actuellement armé, & qui doit être armé à l'Iſle de Frace, comme le Moras & le Condé.

Le Dauphin de 42 canons, actuellement armé de 22 canons de 8, & à qui l'on donnera de plus à l'Iſle de France, 20 canons de 12.

4°. De quatre autres navires qui ſont & ne ſeront armés que de 20 canons de 6.

S ç A V O I R ,

La Compagnie des Indes.
Le Duc de Parme.
La Reine.
La Diane.

Nº. 4. *COPIE de l'ordre de Mrs. de Lally & de Leyrit à M. de la Chaise, commandant le vaisseau le Comte de Provence.*

Messieurs les Capitaines du vaisseau le Comte de Provence & de la Diligente, feront débarquer dans les chaloupes qui leur sont envoyées, l'argent & les effets qu'ils ont à remettre ici, & appareilleront aussitôt après, pour aller se rejoindre à l'Escadre. A Pondichery, le 29 Avril 1758. *Signé*, LALLY. *Et plus bas :* DUVAL DE LEYRIT.

Je soussigné, Capitaine, commandant le vaisseau le Comte de Provence, certifie la présente copie conforme à l'original, & qu'il n'est venu à bord dudit vaisseau, que ledit jour entre onze heures & midi, suivant la déposition des Officiers qui étoient à bord dudit vaisseau, en foi de quoi j'ai signé. A Pondichery, le 29 Avril 1758. *Signé*, DE LA CHAISE.

Nous soussignés, Capitaine en second & Officiers de l'Etat-Major du Vaisseau le Comte de Provence, certifions que le présent ordre ci-dessus n'est parvenu à bord dudit vaisseau ce-jourd'hui qu'à midi passé, & avoir appareillé un quart d'heure après; en foi de quoi nous avons signé le présent, pour valoir ce que de raison. Fait à bord dudit vaisseau le Comte de Provence, le 29 Avril 1758, signé à une heure après midi. *Signé*, GOUYON, SOUVESTRE, DESCARS, BARBIER DE VOUILLAY, CHAUTARD, fils, BROSSARD DE ST. MARC.

Je crois qu'il étoit onze heures lors de la réception du présent ordre. *Signé*, DE GENNER DE VOLEMBEL.

Nº. 5. Du 29 Avril 1758. De Pondichery.

Je vous envoie, mon cher Amiral, la lettre que je viens de recevoir de Monsieur Porcher, & j'en fais partir un double pour Monsieur d'Estaing, au cas qu'il fût plus à portée de vous la faire parvenir. Je

Je crois que c'eſt la Flotte de Madras qui venoit au-devant de nous, éclairée par les deux frégattes, ou bien, que c'eſt cette Flotte qui va ſe mettre à couvert à Trinquemal, juſqu'à l'arrivée d'un renfort.

Dans tous les cas, il convient de mettre à terre notre argent par préférence, ainſi que nos principaux Officiers, & de garder encore un jour ou deux, une ſoixantaine de Soldats à bord des vaiſſeaux qui n'en ont point.

Il n'y aura pas de mal d'envoyer auſſi par les chelingues, nos canons de fonte, affuts & autres munitions de guerre, dont vous pouvez vous paſſer.

Mon Major Général, porteur de ce billet, vous dira le reſte. Je vous ſouhaite le bon jour.　　　LALLY.

Avril, ce 29 à 8 heures du matin.

Vos deux vaiſſeaux vont appareiller pour vous rejoindre.

Kareikalle, le 28 Avril 1758,
à 3 heures après midi.

MONSIEUR,　　　　　　　　　　　　　　　Nº. 5.

Il paroît dans le Sud d'ici, une nouvelle Flotte de neuf voiles, faiſant la route du Sud; le temps eſt ſi gros, qu'on ne peut rien diſtinguer que les voiles.

Je ſuis avec reſpect,

MONSIEUR,

Votre très-humble & très-
obéiſſant Serviteur,
PORCHER DE SOULCHES.

B

N°. 6.   Du 2 Mai, à midi, 1758

La perte que vous avez effuyée, mon cher Général, ne me confole pas *de l'avantage que vous avez eu fur la Flotte angloife.* La lenteur de l'adminiftration de Pondichery, me mettta auffi vraifemblablement dans le cas de ne pas tirer tout le profit des fuccès que je pourrois avoir. Je fuis au bivoac depuis cinq jours entiers, & j'efpere me repofer après demain, & vous aller joindre, pour concerter avec vous les moyens d'agir mutuellement dans la caufe commune. Portez-vous bien furtout, *& ne vous découragez point des defapoints que vous aurez à effuyer ; j'en fens un échantillon, & je m'arme de toutes mes forces, pour n'y pas fuccomber.*

J'ai, &c.   *Signé,* DE LALLY.

Nota. *L'original eft dépofé au Greffe.*

N°. 7.   COPIE *de la lettre de M. d'Aché à Meffieurs du Confeil de Pondichery, du 5 Mai 1758.*

J'apprends, Meffieurs, que vous avez en réferve du cordage de trois pouces & demi, quatre pouces & quatre pouces & demi, & même jufqu'à cinq pouces ; les vaiffeaux qui font dans le cas d'être en perdition & de ne pouvoir manœuvrer, exigent de moi de vous en faire la demande au nom du Roi. Il faut fonger à y apporter toutes vos attentions. Je vous en fais la demande d'amitié pour moi, & la néceffité pour le bien du fervice du Roi, à qui je ne pourrai me difpenfer de faire connoître la juftice de mes repréfentations & ma terrible pofition. Vous êtes, Meffieurs, trop bons Citoyens pour ne pas faire fur cela toutes les démarches convenables. Il n'y a pas un moment à perdre.

Il faut, Meffieurs, mettre tout en ufage pour nous procurer des mâtures, des madriers, enfin tout ce qu'il faut pour ne pas périr à la Côte, & réparer nos vaiffeaux. Travaillez auffi, je vous prie, aux vivres & à l'eau.

COPIE de la lettre écrite à Monsieur de Leyrit, du 8 Mai.

Ce n'eſt point des paroles que je demande, Monſieur, je vous ſomme, au nom du Roi, de mettre l'Eſcadre en état de recevoir l'ennemi. Tous les Capitaines crient après moi. Rien n'eſt encore débarqué. En faiſant cette opération, il faut en même-tems ſonger au reſte. Il faut des vivres & de l'eau. Il faut de plus réparer les vaiſſeaux dans leur mâture, leurs agrès & le corps des navires. Le tems paſſe, les Ennemis travailleront plus efficacement que nous. Nous n'avons pas de monde dans les vaiſſeaux. Je ne puis vous répondre que de mon zèle, du reſte je m'en décharge. Il faudra pourtant, Monſieur, que quelqu'un en rende compte au Roi & à l'Etat.

COPIE de la Délibération du Conſeil tenu à Pondichery, le 9 Mai 1758. N°. 8.

Cejourd'hui 9 Mai 1758, ſur la lettre que M. de Leyrit a reçue du ſieur Very, Commandant à Alemparvé, & communiquée à M. le Comte d'Aché, par laquelle lettre le ſieur Very marque que l'Eſcadre Angloiſe, qui étoit ci-devant à Marelivaron, avoit été apperçue à la voile à la hauteur de Sadras, faiſant route pour gagner dans le Sud, M. le Comte d'Aché a requis l'Aſſemblée du Conſeil mixte; & ſur la répréſentation qu'il a faite de l'impoſſibilité pour ſa Flotte de tenir la mer par le mauvais état où ſont actuellement ſes vaiſſeaux, manquant d'eau, de vivres, d'agrès, d'apparaux, de mâtures, une grande partie de ſes équipages étant à terre, malades ou bleſſés, ſoit par la longue rraverſée de l'Iſle de France ici, ſoit par le combat qu'ils ont eſſuyé le 29 du mois dernier, contre les Anglois, il a été délibéré, vu l'impoſſibilité où l'Eſcadre étoit de mettre à la voile, qu'ella s'emboſſeroit en ligne de combat en cette rade, pour y attendre les Ennemis, la Ville faiſant d'ailleurs tous ſes efforts pour la protéger du canon & des bombes, & leur faire paſſer le plus de monde qu'il ſeroit poſſible, que néanmoins on travaillera diligemment à mettre l'Eſcadre en état d'appareiller, pour aller au-devant de l'Ennemi.

Fait & arrêté en la Chambre du Conſeil de Pondichery, le 9 Mai 1758.

COPIE de la Lettre de M. le Comte d'Aché à M. de Leyrit, du 11 Mai 1758.

N°. 9. M. les ennemis étant fous voiles & pouvant me tomber fur le corps à tout moment, je me rends à bord & donne ordre que tout le monde fe range à bord de fon vaiffeau. Vous fçavez M., ainfi que M. de Lally, que tous les vaiffeaux font dénués de monde, que le Zodiaque qui en a le plus exiftant aujourd'hui, n'a pas deux cens hommes, ce qui ne fuffit pas pour armer la moitié des canons d'un bord. Il n'y a donc pas de tems à perdre pour prévenir les malheurs qui peuvent arriver. J'ai l'honneur de vous le répéter Monfieur, ce n'eft qu'avec du monde qu'on fait la guerre, & fans hommes on ne fçauroit fe battre.

Réfléchiffez bien à la fituation préfente de la marine, montrez cette lettre au Confeil, à qui elle doit fervir de proteftation de ma part. En attendant, je vais faire mes efforts en vous répétant la demande que je vous ai faite de fecours dès mon arrivée en votre Rade.

Je fuis, &c.

COPIE de la Lettre écrite par M. le Comte d'Aché, à M. le Chevalier de Monteil, Major de l'Efcadre, le 13 Mai, à quatre heures après midi.

N°. 10. Je vois tant de lenteur & fi peu de bonne volonté pour mettre l'Efcadre en état de fe montrer, & d'éviter les malheurs qui la menacent, que je ne puis plus diffimuler.

Il faut Monfieur, que l'on prenne un parti définitif, & que l'on me mette en état de me défendre & d'attaquer les ennemis, ou que l'on abandonne les Vaiffeaux, & que l'on prenne encore le peu de monde qui nous refte, pour accélérer les opérations de la Terre qui eft la feule partie qui occupe les Grands & petits de Pondichery. Si nous fommes inutiles, que l'on nous renvoye à l'Ifle de France pour y carenner, & nous mettre en force pour reparoître avec honneur.

Voyez M. de Leyrit ; faites lui part de ma lettre : fi M. de Lally eft à Pondichery, faites lui en part auffi.

Enfin il faut fe décider & prendre un parti. L'incertitude eft trop cruelle ; elle peut perdre l'Efcadre & l'Inde. Mon Efcadre n'a pas feulement de quoi fe défendre à l'ancre. Le peu de Matelots qui refte s'affoiblit tous les jours davantage, on refufe même les Gens du Pays, qui pourroient les foulager au mouillage, où l'ouvrage eft perpétuel ; les bombes & les canons de la Place ne feront ni peur, ni mal à l'Ennemi, & fi nous fommes attaqués & battus, tout eft perdu. Il ne s'agit plus de raifonnement, ceci eft une affaire d'Etat. Je le répéte, ma fituation eft connue, mes repréfentations font authentiques, elles me mettent à couvert de tout reproche.

12 Mai.

MONSIEUR

N°. 11.

La lettre que vous m'avez fait l'honneur de m'écrire aujourd'hu, im'a été remife lorfque vous vous embarquiez pour vous rendre à bord de votre Vaiffeau. Je n'épargnerai en cette occafion ni peines, ni foins, pour procurer à l'Efcadre que vous commandez, tous les fecours qui dépendront de moi ; mais comme ceux que vous demandez en hommes, font à la difpofition de M. de Lally, il n'eft pas au pouvoir du Confeil, auquel j'ai communiqué votre lettre, de vous les fournir. J'ai envoyé copie de cette lettre à M. de Lally, & je ne doute pas qu'il n'y faffe toute l'attention qu'elle mérite.

J'ai l'honneur d'être avec une extrême confidération,

MONSIEUR

A Pondichery le 12 Mai 1758.

Votre très-humble & très-obéiffant ferviteur.
DUVAL DE LEYRIT.

COPIE de la Lettre de M. le Comte d'Aché, à M. de Leyrit, du 17 Mai 1758.

N°. 12.

Je viens d'apprendre, Monſieur, que les Ennemis étoient avanthier par le travers d'Alemparvé; comme nous devons conjecturer qu'ils pourroient être à portée demain d'attaquer l'Eſcadre à l'ancre, je prends le parti d'aller à bord, & je donne ordre que chacun s'y rende. De votre côté, Monſieur, veuillez faire toutes les diligences poſſibles, afin de nous procurer un renfort d'hommes ſi néceſſaires à l'état préſent de chacun de mes Vaiſſeaux, & pour que nos efforts étant emboſſés puiſſent repouſſer l'Eſcadre Angloiſe. Je vous prie de ne rien négliger dès ce ſoir, afin que tout ſoit diſpoſé aux batteries ſur léſquelles on a dû placer des mortiers à bombes, conformément à l'arrêté du Conſeil mixte du 9 Mai.

Je vous prie auſſi de prendre des arrangemens pour que les hommes des Hôpitaux puiſſent ſe rendre à bord dès demain, & qu'il y ait toujours nuit & jour des Chélingues toutes prêtes.

COPIE de la Lettre de M. le Comte d'Aché, à M. le Comte de Lally, du 17 Mai 1758.

N°. 13.

L'Eſcadre Ennemie étant à la hauteur d'Alemparvé avanthier, mon cher Général, l'on aſſure qu'elle vient me livrer un ſecond combat. Vous ſçavez ma ſituation. Je n'ai point de monde, & ſans ſecours il ne m'eſt pas poſſible de rien faire. Je vais emboſſer mes Vaiſſeaux, c'eſt tout ce que je puis faire, & il faut enterrer la ſinagogue avec honneur. Il m'eſt bien douloureux de n'être pas à portée d'aller au devant d'eux, nous aurions le vent. Je n'ai rien à me reprocher.

Adieu mon cher Général, je vous embraſſe de tout mon cœur.

COPIE de la Lettre écrite par M. le Comte de Lally, à M. le Comte d'Aché, le 17 Mai 1758. Du Jardin de la Compagnie Angloise.

Je plains bien votre situation, mon cher Amiral, & c'est une malheureuse consolation à vous donner, que de vous représenter la mienne. Manquant de tout, voulant assiéger une Ville, & à la veille d'être assiégé moi-même. J'ai fait un effort hier qui m'a coûté une trentaine d'hommes & une soixantaine de blessés, & cela pour une une trentaine de demi-blancs tués ou blessés, & trois ou quatre cens Noirs égorgés ou prisonniers. J'ai retenu à Pondichery, avant de partir, une soixantaine de Blancs & autant de Cipayes, qui venoient de différens Postes pour joindre l'Armée. J'ai chargé M. de Leyrit de faire ses efforts pour les faire embarquer sur votre Flotte, ainsi que tous ceux qui arriveront successivement des différens Postes en avant que je fais relever. Je n'ai en tout & pour tout ici des Troupes de la Compagnie, que trois Compagnies de Grenadiers, deux de Fusiliers, & la Troupe de Ficher. Il y a même deux de ces Compagnies de trente-six hommes chacune. Vous jugerez par-là des forces de Terre de la Compagnie, & de la ressource qu'il y a à en espérer. Nous sommes à plaindre l'un & l'autre, & je ne vois qu'un coup du Ciel qui puisse nous en tirer.

N°. 14.

L'original de cette Lettre est déposé au Greffe.

COPIE de l'arrêté du Conseil mixte tenu à Pondichery le 28 Mai 1758.

Vu tous les différens avis ci-dessus, dont la pluralité ou totalité est que l'Escadre reste embossée vis-à-vis de cette Place, auxquelles raisons particulieres, on doit encore ajouter la considération que l'Escadre abandonnant la Côte pour retourner aux Isles, outre le peu d'espérance qu'elle les gagne, c'est courir les risques que les secours qui pourront venir de France ne se réunissent jamais, ceux-ci pouvant venir & arriver même des Isles, pendant que l'Escadre présente seroit en

N°. 15.

route pour y retourner , ce qui rendroit les uns & les autres infructueux.

Le tout vû & confidéré , il a été délibéré & arrêté que l'Efcadre préfente reftera emboffée dans cette Rade , remettant au zèle & aux foins de M. d'Aché, Chef d'Efcadre, conjointement avec M. de Leyrit , Gouverneur, à prendre toutes les mefures les plus convenables & précautions qu'ils croiront les plus expédientes pour la mettre en meilleur état qu'il fera poffible , il a été de plus délibéré qu'il feroit envoyé auprès de M. de Lally, Lieutenant Général des Armées du Roi, Commiffaire & Syndic de la Compagnie , deux Confeillers, deux Capitaines de Vaiffeaux , & le Major de l'Efcadre pour lui communiquer & faire part de la préfente délibération , & lui repréfenter & demander s'il feroit en fon pouvoir de donner des fecours d'hommes à l'Efcadre, pour la mettre en état d'aller au-devant, & de combattre celle des Anglois.

Avis de M. le Comte d'Aché à ce Confeil.

Sur l'expofé ci-deffus , mon avis eft que l'on me donne du monde , & de me mettre dans le cas d'aller chercher l'ennemi. *Signé ,* le Comte D'ACHÉ.

COPIE de la délibération du Confeil mixte de Pondichery , le 30 Mai.

EXPOSÉ DE M. DE LALLY.

N°. 16.　Sur la délibération du Confeil mixte de Pondichery , du 28 Mai 1758 , fur la pofition actuelle de la Flotte & de l'Armée de l'Inde , qui m'a été envoyée par une députation du Confeil , & fur une lettre que j'ai reçue ce matin 30 Mai, que l'Efcadre Angloife étoit mouillée à fix lieues fous le vent de Pondichery , je me fuis tranfporté à Pondichery & y ai convoqué un Confeil général , pour faire une réponfe par écrit audit délibéré.

Par les états qui m'ont été remis d'environ fept cens hommes

mes matelots qui font fortis des Hopitaux depuis trois jours , deux cens foixante noirs mis à bord de la Flotte par M. de Leyrit , & deux cens autres ·Cypayes que mondit fieur de Leyrit promet de mettre à bord de ladite Flotte, demain ou après demain , lequel nombre de mil cent foixante hommes joints avec quatre cens foldats que je mene avec moi de l'armée , qui par les revues faites ; fe trouve monter à la totalité de mil cinq cens vingt-deux hommes , dont par conféquent il ne me refte que mil cent vingt-deux.

Mon avis eft que plutôt que de refter emboffé & de courir les rifques de voir brûler une Flotte , outre la honte qui en réfulteroit pour l'honneur de la Nation & le falut de l'Inde , M. le Comte d'Aché appareille de Pondichery , & tienne le vent fur la Flotte Angloife avec fes fept Vaiffeaux égaux en forces à ceux dont l'Efcadre Angloife eft compofée , & une Frégate , aux rifques même de donner bataille , fi malgré l'avantage du vent il ne peut l'éviter.

Je déclare d'ailleurs que fi M. le le Comte d'Aché prend le parti de refter emboffé fous le canon de Pondichery , je ferai repartir pour l'armée les quatre cens hommes que je mene avec moi , pour ne point rifquer de perdre un nombre auffi précieux qui pourroit entraîner la perte du refte de mon armée , fi malheur arrivoit à l'Efcadre. *Signé* LALLY.

M. le Comte d'Aché & tout les Capitaines de l'Efcadre , fouffignés , confentent de mettre à la voile auffi-tôt que l'état ci-deffous , convenu avec M. de Lally & M. M. du Confeil , fera rempli , obfervant de la part de la Place la plus extrême diligence , pour que les fécours arrivent pendant que l'Efcadre Françoife maintient le vent.

SÇAVOIR,

Le Zodiaque.	600 hommes.
Le Comte de Provence. . .	550
Le Vengeur.	450
Le Duc d'Orléans	400
Le St. Louis.	370

C

Le Duc de Bourgogne. . . 370
Le Moras. 300
Le Condé. 300

————
3360 hommes.

Fait & arrêté à Pondichery le 30 Mai.

N°. 17. *COPIE de la Lettre de M. de Lally, datée du Camp devant le Fort St. David, le deuxieme Juin après midi.*

L'original de la lettre est déposé au Greffe. Je vous donne avis, mon cher Amiral, que le Fort St. David est au Roi, ainsi l'apparition de votre Flotte n'a pas produit un mauvais effet ; je voudrois bien que vous puissiés mettre pied à terre, & coucher avec nous ce soir, afin que nous puissions prendre des mesures ultérieures pour la suite, j'ai un lit pour vous dans ma chambre.

J'ai l'honneur, &c. *Signé*, LALLY.

A Pondichery le 2 Juin 1758.

MONSIEUR,

N°. 18. Je viens de recevoir l'honneur de votre lettre d'hier. La Silphide va appareiller : il ne nous reste ici ni matelots ni soldats en état d'embarquer, & il ne nous est pas possible de l'armer mieux qu'elle ne l'est. Je vas écrire à M. de Lally, pour lui faire part de ce que vous me marqués au sujet du Vaisseau de guerre Anglois qui a mouillé à Negapatam, suivant l'avis que vous en a donné M. Porcher. L'Escadre Angloise ne paroit point encore.

J'ai l'honneur d'être avec une extrême considération,

MONSIEUR,

Votre très-humble & très-obéissant serviteur,
DUVAL DE LEYRIT.

MONSIEUR,

Je viens d'être informé par les gens de deux Catimarons, que j'entretiens au large devant Negapatam , qu'il y mouilla hier matin un vaisseau Anglois chargé d'Europeens, & qui est à deux batteries, suivant la description qu'ils m'en ont faite, en disant qu'il y a deux rangs de dix canons , chacun l'un sur l'autre de chaque côté : il a en effet tiré ce matin le coup de canon de Diane.

Soupçonnant qu'ils pourroienr se servir de cette voie pour faire passer des secours à Trichenapali, je vais apporter toute l'attention possible à voir si j'aurai rencontré juste ; je sçais du moins qu'ils passe de-là assez fréquemment des convois de boissons & autres provisions pour Trichenapali & Maduré.

J'ose vous représenter qu'il conviendroit tout-à-fait à l'honneur & aux intérêts de notre nation, que votre Escadre se montrât de ces côtés-ci, sur-tout à Négapatam, où le Gouverneur à eu l'imprudence, sur la foi des lettres d'un certain Ministre de Goudelour, qui lui marquoit que l'Escadre Angloise avoit défait totalement la notre , dont six vaisseaux avoient été menés à Madras, d'en faire faire des copies qu'il répandoit dans sa ville , & d'en envoyer à Ceylan par des Catimarons.

Au reste les deux Frégates que vous avez forcé à se battre, n'ont cessé auparavant de roder de ces côtés-ci , évitant tous les vaisseaux qu'irrivoient à Négapatam & à Tranquebar : ils nous ont donné en cela un exemple que nous pouvons d'autant mieux suivre, que je sçais , à n'en point douter , que les particuliers Anglois continuent leur navigation sous pavillon Hollandois.

Je viens de donner avis à M. de Lally, de l'arrivée du vaisseau à Négapatam.

Un autre article qui me fait souhaiter , Monsieur, les approches de votre Eſcadre, eſt que j'ai ici une ſoixantaine de Bœufs, grands & petits, mille Cabris, une centaine de Cochons & quantité de diverſes volailles à lui envoyer, & que je ne puis faire paſſer à Pondichery ſans les expoſer à une mortalité aſſurée, que j'ai éprouvé par les ſix Chelingues que j'y ai envoyé ci-devant, perte irréparable en ces circonſtances.

Je ſuis avec reſpect.

Signé, PORCHER.

C O P I E des avis donnés au Conſeil de Marine, tenu à bord du Zodiaque le 9 Mai 1758.

Nº. 19.

L'original eſt dépoſé au Greffe.

Cejourd'hui neuviéme jour de Juin 1758, étant mouillé devant le Fort de Karikal, après y avoir pris quelques rafraîchiſſemens néceſſaires, M. le Comte d'Aché auroit aſſemblé ſon Conſeil des Capitaines, à l'effet de conſulter avec eux, ſur le parti le plus convenable à prendre, ſoit de retourner à Pondichery pour ſe préparer à d'autres opérations, ſoit de remonter juſqu'à Ceylan, afin d'intercepter les ſecours Anglois, & aſſurer, autant de tems qu'il ſera poſſible, l'arrivée des nôtres.

Les Capitaines conſultés, ayant réfléchi d'ailleurs à la poſition de l'Eſcadre Angloiſe qui peut avoir le deſſein elle-même de remonter pour ſe remettre au vent à nous, & pour couper le Centaure comme l'a mandé M. Ficher par une lettre de Tranquebar écrite de ce jour, ont en conſéquence donné leur opinion comme ci-deſſous.

S ç A V O I R.

Je ſuis d'avis de ne pas remonter, vû la ſituation des Equipages & ce qui manque à différens Vaiſſeaux de l'Eſcadre. *Signé*, DE LA SALLE.

Je ſuis d'avis de remonter & d'être de retour à Pondichery le 25 au plûtard. *Signé*, MAHY.

Pour M. de Becdelievre, je ſuis du même avis. *Signé*, LE CLER DE BICOURT.

Je suis d'avis de remonter. *Signé*, KLERO DE ROSBO.

Aller au-devant des Vaisseaux qui doivent venir de Maurice est une chose très-bonne ; mais comme j'ignore les besoins qu'on aura de l'Escadre au retour de notre croisiére, & comme je sçais qu'il nous faudra long-tems pour nous mettre en état, je ne peux donner une décision positive. *Signé*, SURVILLE, cadet.

Mon avis est de remonter avec l'Escadre au-dessus de la Baye de Trinquemalé, pour y favoriser l'arrivée de nos Vaisseaux, & intercepter ceux des ennemis. *Signé*, DE JOUANNIS.

Mon avis est de remonter. *Signé*, GOUYON.

Mon avis est de remonter jusqu'à Ceylan, & plus sud s'il est possible, & de tenir cette croisiére autant que l'état des Vaisseaux le permettra. *Signé*, PALLIERE.

Mon avis est de retourner à Pondichery plutôt que d'attendre l'arrivée du Centaure dont on n'a aucun avis qu'il nous doive venir ; & là nous y concerter avec M. de Lally, & nous y préparer s'il est possible à de nouvelles expéditions. *Signé*, DU DEFFAIS.

Si on trouve bon de remonter à Trinquemalé, il faut avoir égard à la situation de nos Vaisseaux, & à nous mettre en état de pouvoir exécuter les projets qu'on peut avoir pris pour Madras. *Signé*, BAUDRON.

Je suis d'avis de remonter jusque par le travers de la Baye de Trinquemalé, & de rester dans ce parage jusqu'au 10 du courant, afin d'assurer l'arrivée de nos secours, & tacher d'intercepter ceux des Anglois pendant ce peu de tems que l'Escadre a quelques moyens. *Signé*, le Chevalier DE MONTEIL.

Je suis d'avis de remonter jusques par le travers de la Baye de Trinquemalé, en observant toutefois, en cas de contrariété par les vents, de ne pas nous exposer à ne pas être rendus à Pondichery plûtar dque le 25 de ce mois. *Signé*, GOTHO.

Je suis d'avis de remonter à Trinquemalé & d'y croiser quelques jours. *Signé*, D'ACHÉ.

Arrêté de remonter.

N°. 20. *COPIE de l'Exposé de M. de Lally au Conseil de Pondichery, & de la Lettre dudit Conseil du 13 Juin 1758.*

MONSIEUR,

Nous vous remettons ci-joint copie de l'Exposé que nous a fait M. le Comte de Lally sur la situation actuelle où se trouve Pondichery par l'éloignement de votre Escadre. Nous vous prions d'y faire attention, ainsi qu'au délibéré qui a été mis au bas dudit Exposé, & de considérer que vous vous rendriez responsable des événemens que nous avons lieu de craindre si vous tardez à vous rendre ici.

Nous avons l'honneur d'être, &c.

Signés, Duval de Leyrit, Montmorency Laval, Bouvet, Le Noir, Guillard, Duplan de Laval, Desvaux, Geulette, & Babinet.

Exposé de M. de Lally au Conseil.

Je vous ai convoqué, MM. pour vous faire part du parti que vient de prendre M. le Comte d'Aché d'aller croiser à la hauteur de Trinquemalé *& sans me l'avoir communiqué*, & de la position où se trouve l'armée du Roi, affoiblie par les 400 hommes que j'ai été obligé de fournir à sa flotte de votre consentement ; & pour demander en même-tems votre avis sur le parti qu'il convient de prendre dans les conjonctures présentes. Vous sçavez que les ennemis ont abandonné les places & postes qu'ils occupoient dans l'espace de vingt lieues, qui sont entre nous & Madras, tels que Karangouly, Chinguelpet, Canjivaron, Coblocu, Arcatte & Cabripatnan, & qu'ils se sont renfermés dans les murs de Madras ; que leur Escadre s'est retirée & est actuellement mouillée sous ledit Madras. J'ai cru devoir profiter de leur première frayeur en poussant en avant des détachemens pour s'emparer des Places qu'ils ont

abandonnées & à demi démantelées, ainſi que pour attacher le
tournon dans les Aldées qu'ils nous ont abandonnées. Ces détachemens ſe trouvent aujourd'hui en l'air par le départ de l'Eſcadre, & à la veille d'être enlevés ſi l'ennemi vient à ſçavoir
que notre Eſcadre eſt à 80 lieues d'ici.

Je ſuis obligé de garder un Corps de troupes conſidérable
dans le Fort Saint-David & Divicoté, qui ne ſont point encore
démantelés, & qui ne peuvent l'être de longtems, & il ne me
reſte qu'environ ſix cens hommes pour la garde de Pondichery,
que vous ſçavez être ouvert & acceſſible de toutes parts. Je
crois qu'il conviendroit de faire revenir dans le moment tous les
détachemens que nous avons dans les poſtes ennemis dont nous
nous ſommes emparés, afin de nous raſſembler en forces pour
la conſervation de Pondichery, qui ſe trouve aujourd'hui ex-
poſe à l'inſulte de 1220 Blancs que nous ſçavons être à Madras,
& environ 4000 Blancs dont nous devons ſuppoſer qu'eſt com-
poſé l'Eſcadre Angloiſe, puiſqu'elle eſt cenſée ſupérieure à la
nôtre. Vous ſçavez d'ailleurs que les 7 à 8000 Noirs, tant
Cavaliers que Fantaſſins, que les Anglois ont ramaſſés aux environs de leur Place, augmenteroient conſidérablement ſi l'Ennemi ſe déterminoit à changer ſa guerre contre nous en offen-
ſive. Je demande ſur cela, Meſſieurs, la conduite que je dois
tenir pour que je ne ſois pas reſponſable de l'événement. *

A Pondichery, le 13
Juin 1758.   *Signé*, DE LALLY.

Vû l'Expoſé ci-deſſus, le Conſeil mixte a déclaré qu'il en
ſeroit envoyé copie à M. le Comte d'Aché par un Exprès qui
ſera dépêché au ſieur Porcher, avec ordre de le faire tenir par
un Catimaron ou par une Chelingue, & qu'il lui ſeroit écrit par
ledit Conſeil pour l'engager à ſe rendre ici le plus promptement

* La réponſe étoit ſimple à faire: conſerver tous les poſtes, paroitre menacer
Madras, pour empêcher les Anglois d'inſulter Pondichery. M. d'Aché devant, ſuivant
le Conſeil de Marine envoyé à MM. de Lally & de Leyrit, être de retour le 25
Juillet, fût arrivé pour conſommer la priſe de Madras.

qu'il lui fera poffible pour mettre M. le Comte de Lally en état de continuer fes opérations, qui fe trouvent arrêtées par l'éloignement de l'Efcadre ; & qu'en attendant, on repliera toùs les poftes que nous avons pris aux Ennemis pour pourvoir à la fûreté de Pondichery, où il y a actuellement plus de prifonniers Anglois, qu'il n'y a de Soldats pour les garder.

Fait à la Chambre du Confeil de Pondichery, le 13 Juillet 1758. Signé comme la Lettre.

N°. 21. *C O P I E du Confeil de Marine, tenu le 17 Juin 1758, à l'occafion de l'arrêté ci-deffus.*

L'an 1758, le 17me. jour de Juin à quatre heures de l'après-midi, l'Efcadre du Roi venant de mouiller en rade de Pondichery, le Confeil de Marine a été affemblé a bord du vaiffeau le Zodiaque, où M. le Comte d'Aché à fait l'expofé fuivant.

Monfieur de Lally, MM., immédiatement après la prife du Fort St. David, devant lequel comme vous fçavez, j'étois mouillé avec mon Efcadre, le 2 Juin, m'ayant écrit le 2 dudit, qu'il feroit bien aife de conférer avec moi, je defcendis à terre fur le champ : il me fit part de fon projet fur Divicoté, & me témoigna que la préfence de mon Efcadre feroit utile pour cette opération, & avanceroit la reddition de ce Fort ; en conféquence, nous appareillâmes le cinq dudit, au matin, & y parûmes le même jour ; la reddition du Fort qui fut pris le même jour, me fit prendre le parti d'aller mouiller à Karikal, pour y prendre les rafraîchiffemens qu'on m'avoit fait efpérer que j'y trouverois. J'y mouillai le fix dudit mois, & le neuf je vous affemblai MM. pour tenir confeil fur le parti que nous avions à prendre ; la décifion fut qu'ayant rempli les demandes de M. de Lally, il étoit important de remonter la côte & d'y croifer quelques jours, tant pour protéger l'arrivée de nos vaiffeaux, que pour empêcher la jonction des quatre vaiffeaux de M. Norris avec l'Amiral Pokok, qui doit fe faire, & dont j'ai eu depuis avis à Negaptham.

Je

Je fis part à MM. de Lally & de Leyrit , par un exprès, du réfultat du Confeil, fuivant lequel nous continuâmes de remonter la côte. Le 16 dudit , je revins à Karikal où je reçus le foir une décifion du Confeil de Pondichery , fur un expofé de M. de Lally , en datte du 13 dudit , qui me rend refponfable des événemens que l'on croit avoir lieu de craindre pendant mon abfence. A la réception de cet écrit que m'a fait remettre M. Porcher Commandant à Karikal, lorfque j'étois prêt d'y mouiller , j'ai fur le champ fait faire route pour Pondichery , pour venir y protéger cette place , conformément aux défirs de M. de Lally & du Confeil.

Mais comme il peut arriver par la fuite que la jonction des vaiffeaux ennemis vienne à fe faire , ou que les vaiffeaux que nous attendons foient interceptés , je déclare , MM. , n'en devoir plus être refponfable en quelque façon que ce puiffe être , & prends acte que je ne me fuis déterminé à quitter la croifiere propofée , que fur la délibération du Confeil tenu à Pondichery , dont je viens de vous communiquer lecture. J'ai voulu me prêter à l'envie qu'on avoit à Pondichery d'y voir l'Efcadre mouillée. Je fens d'ailleurs combien la gloire des armes du Roi , l'honneur & l'intérêt de la nation dépendent dans ces circonftances de l'union & la bonne intelligence à laquelle j'ai penfé qu'il convenoit de facrifier la réfolution prife de croifer , pour concilier tous les motifs tendants aux vues de M. de Lally & du Confeil fupérieur , qu'ils fuppofent meilleurs. *Signé* Le Comte D'ACHÉ.

Sur l'expofé ci-deffus , le Confeil de Marine a , d'une voix unanime , été du fentiment & de l'avis de M. le Comte d'Aché , & à figné avec lui.

Fait à bord du Vaiffeau le Zodiaque , le 17 Juin 1758 ,

Signé PALLIERE , DE LA CHAISE , DE JOANNIS ; KLERO DE ROSBO, BEC DE LIEVRE , DE LA CHAISE , SURVILLE Cadet , GOTHO , DU DEFFAIS & BAUDRAN.

D

N°. 22. *A Pondichery le 26 Juillet 1758.*

MONSIEUR,

Je viens de recevoir dans l'inftant une lettre de M. de Very , Commandant à Alamparvé , dattée d'aujourd'hui à neuf heures & demie du matin , par laquelle il me marque qu'il venoit d'avoir connoiffance de l'Efcadre Angloife, à la hauteur de Sadras , étant à la voile , & paroiffant vouloir gagner au Sud. Cette Efcadre eft partie de Madras dans la nuit du 23 au 24. L'armée campée fous cette ville n'avoit point encore remué.

J'ai l'honneur d'être avec la plus parfaite confidération ,

MONSIEUR,

Votre très - humble & très-
obéiffant ferviteur ,
DUVAL DE LEYRIT.

N°. 23. *A Pondichery le 28 Juillet 1758.*

MONSIEUR,

Nous avons l'honneur de répondre à la lettre que vous avez écrite à M. de Leyrit , & nous penfons qu'il eft avantageux pour votre Efcadre & pour la fureté de la Ville , que vous appareilliez pour vous mettre au vent de celle des Anglois , en ne vous éloignant de terre que le moins qu'il vous fera poffible , afin que nous puiffions vous envoyer les fecours dont vous pouriez avoir befoin , & qui dépendront de nous. Ce parti nous paroit à tous égards le plus convenable.

Nous avons l'honneur d'être avec une parfaite confidération ,

MONSIEUR,

Vos très-humbles & très-
obéiffants ferviteurs ,
DUVAL DE LEYRIT.

BARTHELEMY , GUIVOIRD , LE NOIR , DE LARCHE, MEYLAN-PRELAVAL , DELASELLE, BAUSSET , CLOUET , DENAUX, GUEULLETTE.

Reçû demi-heure après, appareillé fur le champ, à neuf heures du matin, le 28 Juillet.

COPIE de la lettre de M. Porcher Commandant à Karikal, **No. 24.**
du 8 Août 1758.

MONSIEUR,

La préfente n'eft à autre fin, que pour vous informer que l'Efcadre, le foir de votre combat avec elle, mouilla en cette rade à bout de bordée, & y eft encore ; nous ne la croyions pas d'abord fi maltraitéé, mais le fur-lendemain elle avoit mis bas tous fes mats de hune & perroquets de fouque, enforte, que les fix grands vaiffeaux refterent avec leurs mats d'en bas feulement , & ce ne fut hier qu'ils hifferent leurs mats d'en haut & commencerent à enverguer leurs voiles ; trois des plus grands vaiffaux font criblés à tribord, car il ne montrent que ce côté, ce qu'il eft aifé de voir par les pieces de bois neuf dont ils bouchent les trous , & qu'ils n'ont pas encore gaudronnés, à joindre qu'ils ont auffi des radeaux avec des ouvriers deffus qui travaillent à fleur d'eau ; je ne fçais à quel deffein ils ont voulu à fi bonne portée nous rendre témoins de leurs dommages ; mais leur état nous a fait fouhaiter que vous fuffiez, Monfieur, en état de leur tomber fur le corps, il n'en auroit certainement pas échappé, &c.

COPIE de la lettre de M. le Comte d'Aché, à MM. du **No. 25.**
Confeil de Pondichéry, du 4 Août 1758.

MESSIEURS;

Je vous donne avis que j'eus hier à midi un combat des plus violens, qui dura trois heures, avec l'Efcadre Angloife,

D ij

je la crois mouillée à Negapatham ; je vous ramene des vaiffeaux très délabrés & qui ont befoin de fecours à la minute ,
mon vaiffeau eft extrêmement maltraité , j'efpere que les
Anglois n'en font pas moins battus ; mais le feu qui a pris à
bord du Comte de Provence , & chez moi à ma foute aux
poudres , a penfé caufer de grands malheurs ; j'ai eu trois
fois mon gouvernail démonté : dans cet intervalle j'ai été
abordé d'un de mes vaiffeaux , j'ai eu de plus & par furcroit
un canon de ma premiere batterie qui a crevé , & m'a caufé
beaucoup de dommage & tué beaucoup de monde.

De tous ces malheures les ennemis n'en n'ont pas pu profiter , heureufement.

N°. 26.   A Pondichery le 4 Août 1758.

MONSIEUR ,

Monfieur le Chevalier de Monteuil vient de me remettre la
lettre que vous avez écrite au Confeil, par laquelle vous
voulez bien lui faire part de votre combat avec l'Efcadre Angloife. La conduite que vous avez tenu en cette occafion, la
bravoure & la bonne volonté que tous vos vaiffeaux ont té-
moigné , en devoient affurer le fuccès & vous donner la victoire , fans les circonftances fâcheufes dont vous faites mention. J'ai appris avec plaifir que vos bleffures n'étoient pas
dangereufes ; mais que j'ai eu de chagrin, lorfque j'ai fçu le
malheur arrivé à M. de Senneville votre neveu.

J'ai donné des ordres pour que tous vos bleffés , Officiers
& autres, trouvent demain fur le bord de la mer des Palan-
quins & des Doulis pour être tranfportés chez eux.

J'ai l'honneur d'être avec une extrême confidération ,

MONSIEUR ,

Votre très - humble & très-
obéiffant ferviteur ,
D U V A L D E L E Y R I T.

A l'Isle de France le premier Août 1758.

MON GÉNÉRAL,

J'ai eu l'honneur de vous informer, par la Gaulette le S. Benoît, de l'approche d'une Escadre de dix Vaisseaux, dont j'ai été prévenu par la Frégate l'Expédition arrivée ici de France le 17 du passé. Ma lettre datée du lendemain dont vous trouverez ci-joint le *duplicata*, vous aura sans doute appris que je devois vous expédier aujourd'hui le Vaisseau le Centaure ٭, qui va mettre sous voile pour aller prendre vos ordres au rendez-vous dont nous sommes convenus. Je ne puis assez vous exprimer les peines que j'ai à eu lui former un équipage. *Faute de Matelots, j'ai été obligé de lui donner davantage de Soldats & de Noirs, & je reste ici avec tous nos Vaisseaux de côte désarmés. Cet épuisement qui me coupe toutes ressources du dehors n'est encore que le moindre de mes embarras pour le moment présent. En supposant que l'Escadre arrive ici sans malades, où trouverai-je de quoi l'agrayer ? Vous sçavez, mon Général, où j'en étois déja sur l'article des effets de Marine avant votre départ d'ici. Quelque petites consommations depuis, que vous puissiez croire que le journalier ait exigé dans un Port comme celui-ci, & auxquelles il m'a fallu nécessairement fournir, jugez actuellement de la disette où j'en dois être. Je suis exactement sans braye, sans gauldron, point d'huile, ni toile à voile & ni cordage. Si vous trouviez l'occasion de me faire passer ce secours, n'importe de quelle voye vous puissiez vous servir, pourvu qu'ils me parviennent, soit de la Compagnie, soit des Particuliers, ou de l'Etranger, je vous prie de la saisir comme une affaire actuellement de premiere nécessité ? Je vous demande ces effets avec même d'autant plus d'instance, que je sçai que la Compagnie, faute de gens de mer, a été obligée de suspendre l'armement de plusieurs Vaisseaux de transport qui devoient m'en apporter. Au reste, Mon Général, quelque fâcheuse* que soit ma situation, soyez persuadé que je suis trop sensiblement touché du bien du service & de votre propre gloire, pour

٭ Ce Vaisseau n'est pas sorti de l'Isle de France.

N°. 27.

A M. le Comte d'Aché.

ne pas concourir ici avec la derniere activité à tout ce qui
pourra contribuer aux progrès de vos entreprises. Ce seul sen-
timent me fera faire les derniers efforts pour vous expédier cette
Escadre le plutôt possible. Elle arrivera tard, il faudra qu'elle
aille chercher la grande route.

Je suis avec respect,

MON GÉNÉRAL,

Votre très-humble & très-
obéissant serviteur,
MAGON.

A Trivalour, le 15 Août 1758.
Reçu le 17 dud. au soir.

N°. 28. Faut-il donc, Mon cher Amiral, que quelque nouveau malheur tempere toujours la joie que j'ai ressentie, en apprenant
par la bouche de vos ennemis même la valeur avec laquelle
vous avez combattu l'Escadre Angloise le 3 de ce mois. La
blessure du pauvre Senneville me porte au cœur. Je dépêche
M. le Comte d'Estaing à Pondichery pour concerter avec vous
& le Conseil sur ce qui nous reste à faire conjointement dans
la circonstance présente, *vû le peu de tems qui vous reste d'ici
au changement de mousson ;* & je m'en rapporte à tout ce dont
vous conviendriez ensemble.

J'ai, &c.

Signé, **LALLY.**

A Pondichery le 18 Août 1758.

MONSIEUR,

N°. 29.
**A M. le Com-
te d'Aché.**
Nous venons d'avoir communication d'une lettre de M. le
Comte de Lally à M. de Leyrit, par laquelle il nous charge
de vous proposer de prendre dans son armée le nombre d'Officiers & de Soldats dont vous aurez besoin, & de marcher à

l'ennemi, pendant qu'avec ce qui lui restera de Troupes, il se portera au-delà d'Alemparvé & sur la route de Madras pour faire diversion. Nous vous prions sur cela de nous donner votre réponse par écrit.

Cette lettre vous sera remise par MM. Barthelemy & Boyelleau, qui auront l'honneur de s'expliquer plus amplement avec vous sur les intentions de M. le Comte de Lally.

Nous avons celui d'être avec une parfaite considération,

MONSIEUR,

Vos très-humbles & très-obéissants serviteurs,

DUVAL DE LEYRIT, BARTHELEMY, BAUSSÉT, BOYELLEAU, GUILLARD, DELASELLE, LENOIR, DELARCHE, GUEULETTE, DENAUX.

Extrait du Mémoire de la Compagnie des Indes.

Ce que l'on vient d'exposer sur le cas où on se trouveroit N°. 30. inférieur en force aux ennemis, indique en même-tems les partis qui seroient à prendre dans l'événement d'un combat maritime, où les Vaisseaux François auroient le désavantage.

Il n'y auroit alors d'autre parti à prendre pour les Vaisseaux qui auroient pû se soustraire à la poursuite des ennemis, que de se réfugier à l'Isle de France, *au cas d'impossibilité absolue dans le Gange*, ainsi que les Anglois l'ont fait dans pareilles circonstances.

Mais alors même on doit avoir en vue d'en sortir le plutôt qu'il sera possible pour regagner l'Isle de France; & c'est ce dont les ouragans & les changemens de mousson, qui ne permettront pas toujours aux ennemis de tenir la mer, pourront donner la facilité.

Extrait du Mémoire donné à M. de l'Eguille.

Si M. le Comte d'Aché étoit à l'Isle de France avec toute

son Escadre, ou une partie seulement, on pourroit alors pré-
sumer qu'il auroit reçu quelque échec aux Indes, ou qu'il ne
se seroit pas cru assez fort pour se présenter à la Côte de Coromandel.

Et plus bas :

On n'a point parlé du cas où par des incidens imprévus,
M. de l'Eguille partiroit si tard des côtes du Royaume, qu'il
arriveroit à l'Isle de France hors de saison de pouvoir se rendre à la Côte de Coromandel avant le commencement de la
mousson du Sud & de l'Ouest ; il est vraisemblable que dans
ce cas il trouvera M. d'Aché à l'Isle de France.

*Avis donnés au Conseil de Marine tenu à bord du Zodiaque le
14 Août 1758, par les Capitaines de l'Escadre, & dans lequel
ils ont persisté dans le Conseil assemblé le 18 du même mois.*

M. JOANNIS.

Je crois, après l'exposé ci-dessus, que le moins mauvais
parti à prendre, seroit que l'Escadre s'en retournât à l'Isle de
France pour y caréner & se radouber. Enfin nous devons supposer qu'on y aura fait passer des secours d'Europe nécessaires
& indispensables, & non ailleurs ; c'est mon avis.

Signé, JOANNIS.

N°. 31.

Les originaux de ces avis sont déposés au Greffe de la Cour.

M. SURVILLE CADET, *Capitaine du Duc d'Orleans.*

Mon avis est sur l'état actuel de l'Escadre, que du côté des
équipages elle n'est plus en état de soutenir un combat contre
des Vaisseaux armés, comme l'étoient les Anglois dans le dernier combat.

Du côté des gremens & mâtures, Pondichery est désormais
totalement dépourvu, & n'en a plus, par conséquent ne pourroit réparer les Vaisseaux désemparés. D'ailleurs j'ignore si
Pondichery pourroit encore nous nourrir long-tems.

J'ignore

J'ignore l'état de M. de Lally, & ce qu'il peut projetter ou faire, & en quoi nous pourrions lui être utiles. Notre Général beaucoup mieux instruit est en état de se décider lui-même, puisque l'état de l'Escadre mentionné ci-dessus est connu de tout le monde. Je compte que le Duc d'Orleans sera en état de partir sous trois jours.

Signé, SURVILLE.

M. KLERO DE ROSBO, *Capitaine du Condé.*

Je crois qu'il seroit plus avantageux pour l'Escadre de se rendre toute à l'Isle de France, pour s'y fortifier & se mettre en état de reparoître ici en forces la saison prochaine. Je serois en état de mettre sous voile sous trois jours.

Signé, KLERO DE ROSBO.

M. DE LA CHAISE, *Capitaine du Comte de Provence.*

Le plus pressant besoin est la défectuosité de la carenne des Vaisseaux ; il a absolument besoin d'une neuve. Ce seroit s'exposer à perdre un excellent Vaisseau à tous égards, si on differe à se rendre dans un port. Je serois donc d'avis, vu le peu de ressources qu'il y a ici, & le tems qu'il faudra pour réparer tous les autres Vaisseaux, de faire route le plutôt qu'il sera possible pour l'Isle de France, ne connoissant que ce Port où l'on puisse pourvoir aux besoins urgens de notre Escadre.

Signé, DE LA CHAISE.

M. DE BECDELIEVRE, *Capitaine du Moras.*

Mon avis est, vu l'état de l'Escadre, qui est dépourvue de matelots, mâtures & gremens, de partir le plutôt qu'il sera possible, ne pouvant espérer aucune ressource ici.

Signé, BECDELIEVRE.

E

M. DE PALLIERE, *Capitaine du Vengeur.*

Mon avis eſt de gagner ſans délai & au plutôt un port où l'on puiſſe regrecer & radouber les Vaiſſeaux, pour les mettre en état d'entreprendre ce que les circonſtances exigeront.

Signé, **PALLIERE.**

N°. 32. *COPIE de la lettre de M. le Comte d'Aché, à Meſſieurs du Conſeil de Pondichery du 18 Août 1758.*

MESSIEURS,

MM. les Députés du Conſeil m'ont remis la lettre que vous me faites l'honneur de m'écrire. Je n'ai pas vu le contenu de la lettre que vous écrit M. le Comte de Lally ; mais je vois par la vôtre, qu'il demande que j'aille une troiſieme fois combattre les Ennemis, & qu'il me donnera des Troupes pour remplacer mes trop foibles équipages, puiſque moi dans le Zodiaque, je n'ai guères plus de trois cens hommes.

Je commence par vous répondre, Meſſieurs, qu'aucun de mes vaiſſeaux ne ſont en état de riſquer un troiſieme combat. La plus grande partie de mes Matelots ſont tués, bleſſés ou attaqués du flux de ſang, & que ſans Matelots, on ne peut manœuvrer ni ſe battre. Toutes mes mâtures ſont actuellement endommagées par les boulets qui les percent. Toutes mes manœuvres épuiſées & dans un très-triſte état. Pluſieurs de mes vaiſſeaux dont le gouvernail eſt offenſé, & d'autres faiſant beaucoup d'eau. Enfin, Meſſieurs, mes vaiſſeaux ſont ſans batterie, & ne peuvent ſe battre au vent, comme vous l'avez vu dans le dernier combat du 3 Août, où ayant le vent, j'ai été obligé de le céder aux Ennemis, qui, profitant de cet avantage, m'ont combattu de façon à ne rien riſquer & à m'écraſer par leur groſſe Artillerie. Cinq de mes vaiſſeaux ne ſont propres qu'au balotage, & ne peuvent ſervir de vaiſſeaux de guerre.

Les Ennemis, avec leurs artifices, ne chercheront qu'à brûler & anéantir les trois vaisseaux de guerre seuls que j'aie, qui puissent leur faire face.

Ainsi, Messieurs, tout consideré, & de l'avis de tous mes Capitaines, seuls Juges compétens dans une affaire de marine, mon parti est pris d'aller à l'Isle de France, radouber mes vaisseaux, & les remettre en état d'attendre les secours d'Europe.

De plus, Messieurs, si j'avois un troisieme combat à soutenir, combien l'Escadre du Roi ne seroit-elle pas exposée ? Avez-vous de quoi me réparer & me mettre en état de partir dans la mauvaise saison ? Avez-vous bien réfléchi aux suites pour la Colonie, si un combat aussi hasardé faisoit perdre des Vaisseaux & des Troupes qui font la sureté du pays ? Vous n'avez plus que Septembre à rester à la Côte, & vous voulez entreprendre des opérations ; cela me paroît bien singulier, n'ayant rien de tout ce qu'il faut & pas un sol. Après l'événement, quel qu'il fût, auriez-vous seulement de quoi remplacer une vergue ou une seule voile de mes vaisseaux ? Ne sçait-on pas que toutes mes ressources sont épuisées ?

J'agis, Messieurs, de bonne foi & de tout mon cœur, pour la gloire & les armes du Roi, que j'ai sauvé jusqu'à présent, & que je ne veux pas compromettre.

COPIE de la lettre de M. le Comte d'Aché à M. le Comte de Lally, du 21 Août 1758.　　N°. 33

Le Conseil a dû vous faire part, mon cher Général, de la lettre que je lui ai écrite en réponse à la vôtre. Vous devez voir par cette lettre l'état de mon Escadre qui n'est plus en état de rien faire. Tous les Capitaines m'ont fait des représentations à ce sujet, & qu'ils regardent les vaisseaux comme perdus, si on ne les mene pas dans un port pour être réparés, plusieurs faisant beaucoup d'eau, & tous sont endommagés dans leurs mâtures.

Je comptois vous voir arriver ici, & tout de suite prendre mon parti. Je vous attends, mon cher Général, & suspends pour quelques jours mon départ, en protestant toujours que je ne réponds plus des événemens qui peuvent arriver de la part des Ennemis. Mes vaisseaux sont dans un état à ne pas perdre un inftant, & profiter de l'éloignement des Anglois, pour paffer. Car s'ils viennent m'attaquer, ils peuvent me mettre dans le cas de ne plus ramener mon Efcadre à l'Ifle de France. Ayez la bonté de vous décider, le tems preffe.

N°. 34.

Du 31 Août 1758.

Le Confeil affemblé aujourd'hui, Meffieurs, eft un Confeil politique, dont les délibérations font fi importantes, qu'il y s'agit du falut des poffeffions de la Compagnie dans l'Inde, & de celui d'un Vaiffeau du Roi, & de la Flotte de la Compagnie : M. le Comte d'Aché eft fans doute un meilleur juge que moi, de l'état où fe trouve la Flotte qui eft fous fes ordres, & des rifques qu'elle court, fi elle continue à féjourner dans cette rade; par la même raifon, il eft de mon devoir de vous expofer les rifques que courent les Poffeffions de la Compagnie, fi cette Flotte part avant la Flotte ennemie, afin que leur perte ne me foit point imputée, fi les Troupes du Roi, qui font arrivées ici fous la protection de la Flotte, viennent à en être privées par fa retraite aux Ifles.

Il eft certain que la Ville de Pondichery, ainfi que toutes les Places fortes de la Compagnie fur la Côte, depuis Alemparvé jufques à Karikal, doivent s'attendre à être bloquées au moins jufques au 15 Octobre; elles le font déja en quelque façon, depuis le dernier combat, puifque toutes les embarcations que j'ai tentées de Karikal à Pondichery, pour le deblai de l'armée que je commande, ont été interceptées, & je me fuis trouvé dans la néceffité de laiffer à Divicoté, toute mon Artilerie de Campagne, par l'impraticabilité des chemins par terre.

L'ennemi une fois maître abfolu de la mer, qui peut l'empêcher de s'emparer de cette Place qui eft à moitié démolie, & par conféquent expofée à un coup de main ?

Qui peut empêcher l'Ennemi de fe porter fur Karikal, fur le Fort St. David même qui fe trouve dans le cas de Divicoté, fur Alemparvé qu'il vient de menacer par terre, qu'il pourra foutenir par mer, & que le retour de l'Armée vient d'éloigner?

Il eft certain qu'en répartiffant les Troupes dans ces quatre

Places, nous sommes en état d'en éloigner l'Ennemi d'ici au mois de Janvier, temps auquel il pourra se remettre en campagne avec ses forces combinées contre nos Troupes de terre seules.

Mais Pondichery est ouvert de tous les côtés, il lui faut une Armée entiere pour sa défense, & les trois mille Blancs au moins, dont la Flotte angloise est composée, lui donnent sur nous une supériorité dont je vous laisse à juger les suites.

Je veux même que toute l'Armée de terre rassemblée, parvienne à protéger toute la Côte, depuis Alemparvé jusqu'à Karikal : les Possessions intérieures de la Compagnie en seront-elles plus en sureté ? L'Ennemi n'a-t-il pas déjà depuis le dernier combat des deux Flottes, commencé à reprendre possession des conquêtes que nous avons faites cet été : il vient de se rendre maître de Tirenoumalet ; il a repris deux autres petits postes dans l'Ouest ; il rétablit tous les postes qu'il avoit abandonnés entre Cecy & Madras ; tous les Princes & Paleagards du Pays se déclarent pour lui, & c'est leur usage pour profiter de notre foiblesse & de notre abandon ; je ne parle point ici du risque que peut courir Mazulipatam & les autres Provinces du Nord, ignorant leur position : nos forces ne sont point ici comme en Europe, sous la protection d'une grande Place qui couvre des Provinces entieres ; elles consistent en différens petits postes, & la perte de l'un entraîne & facilite par un enchaînement, la perte de l'autre : ce sont les revenus des Aldées, sous la protection de ces postes, qui ont fourni jusqu'ici à la subsistance de notre Flotte, & à celle de l'Armée qui ne fait pas un quart de la consommation de la Flotte, par les secours qu'elle se procure sur le pays ennemi : privés du revenu de ces Aldées, avec quoi payer une Armée, en attendant que la Flotte revienne ; avec quoi nourrir cette Flotte, quand elle sera revenue ; les désappoints continuels que nous venons d'éprouver sur mer, ne nous permettent pas de nous bercer, même de nous arrêter un moment à l'idée d'un secours qui ne peut nous arriver que quand il n'en sera plus temps. Et si, comme il ne nous est pas permis d'en douter par les lettres du Ministre que je vous expose, il arrive ici un secours de vaisseaux avant la fin de la saison ; que deviendront ces vaisseaux, s'ils ne sont pas supérieurs en nombre à ceux de la Flotte Angloise ? que deviendra le renfort de Troupes que ce même Ministre nous promet, ainsi que de l'argent dont nous manquons totalement, & que deviendrons-nous sans lui ?

C'est à vous, Messieurs, à peser tous ces inconvéniens, à pressentir tous ces dangers, & à donner librement par écrit vos avis sur les mesures instantanées qu'il convient de prendre. Je vous réponds de la Ville de Pondichery, & puis c'est tout, si la Flotte nous abandonne, & j'enjoins à Messieurs du Conseil, de la pourvoir de vivres dont elle manque entiérement, pendant qu'elle en a encore le temps : si la Flotte continue à tenir en échec celle de l'Ennemi, je vous réponds de la prise de Madras, à moins qu'il n'arrive à l'Ennemi un secours que je ne peux prévoir, & dont nous courons de notre côté le même hasard & les mêmes espérances.

Il me reste à vous représenter, que quoique l'objet principal de la Compagnie, dans l'armement qu'elle a fait, ait été de démolir St. David & Divicoté, il ne seroit pas prudent de le remplir dans ce moment, ces Places pouvant encore, dans l'état où elles sont, nous servir de retraite & même de défense dans un cas d'infériorité ; il nous resteroit à la vérité le regret de les rendre quasi entiers à notre Ennemi, si la paix venoit à se faire subitement ; mais le danger présent doit faire cesser toute considération d'un avantage à venir.

Vous avez les instructions de M. le Comte d'Aché, vous avez les miennes, vous en avez sans doute pesé le sens & les conséquences, soit en s'y conformant à la lettre, soit en y dérogeant. Le parti que vous prendrez, me mettra toujours à l'abri de tout ce qui en pourra résulter, puisque je vous laisse entiérement les maîtres de choisir celui que vous trouverez le plus expédient ; & mon avis, quand vous aurez donné le vôtre, mis au bas de cet exposé, sera ma décharge, que je demande qui soit inféré sur vos regîtres, pour servir de protêt contre toute résolution prise, qui tendra à mettre en danger les Troupes du Roi, dont il m'a confié le commandement, ainsi que les Possessions de la Compagnie.

Mon avis est que jusqu'à ce que nous puissions avoir des

nouvelles du fecours que la Cour nous a promis, ou jufqu'à ce que la faifon d'en recevoir foit écoulée ; M. le Comte d'Aché courre les rifques de l'événement, emboffé fous le feu de la Place, & que le Confeil lui en donne une décharge, & j'offre de mon côté de lui fournir le nombre de Soldats dont il pourra avoir befoin pour fa défenfe, fi l'Ennemi venoit l'y attaquer.

Signé, LALLY.

Puifque Meffieurs les Officiers de Marine font perfuadés que la gloire qu'ils ont acquife dans les deux combats qu'ils ont eu, n'a fervi qu'à démontrer davantage la fupériorité de l'Efcadre Angloife fur la nôtre,

Puifque cette fupériorité qui a paru dans deux occafions, & qui femble heureufement encore douteufe aux yeux des Anglois, ne peut être balancée par le fecours des Troupes de débarquement,

Puifque la fupériorité reconnue de la marche de notre Efcadre ne peut la mettre dans le cas utile de tenir la mer fans combattre, & d'empêcher la Marine angloife de traverfer nos opérations de terre,

Puifqu'il eft impoffible que notre Efcadre hyverne à la mer, c'eft-à-dire qu'elle prenne le large depuis les premiers jours d'Octobre jufqu'au 15 de Novembre, temps qu'on affure fuffifant pour éviter des coups de vent, dont les plus prompts font venus le 13 d'Octobre, & les plus tardifs le 5 de Novembre,

Puifque l'Efcadre ne peut paffer la mauvaife faifon à Merguy, où l'on va en 15 jours, d'où l'on revient en moins, où l'on trouve des bois & des vivres, & où il ne manque que du goudron qu'on a ici, & des cordages & des voiles que l'on nous offre de Sadraft,

Puifqu'aucun de ces partis ne peut avoir lieu, mon avis eft que l'Efcadre n'appareille pour l'Ifle de France que le plus tard qu'il fera poffible : il m'a paru que victorieufe ou non, les inftructions fixoient fon départ au 15 d'Octobre ; la néceffité la plus abfolue donne feule le droit fâcheux de délibérer fur des ordres ; le féjour des Anglois à la Côte, femble, pour ainfi dire, nous fervir de fauvegarde contre les coups de vents ; ils doivent les craindre autant que nous, & les connoître aussi bien ; chaque jour que notre Escadre reste, est un nouveau service qu'elle rend à l'Etat ; sa présence empêche l'Ennemi de rien entreprendre ; & si elle prolongeoit son séjour jusqu'au 15 de Sept., elle mettroit Mazulipatan en sureté : ses environs seront alors prêts à être inondés, & défendus par les pluyes ; nous serions plus tranquilles, n'ayant à craindre que pour les lieux où nous sommes ; il n'est point d'espérances plus permises que celles qui

2. sont fondées sur des secours promis positivement par les lettres d'un Ministre : les circonstances en auront peut-être retardé ou empêché l'exécution ; mais je crois que ces promesses ne peuvent être regardées comme chimériques ; elles doivent entrer pour beaucoup dans nos résolutions : plus d'une Escadre n'est arrivée ici que dans le mois de Septembre. Quels regrets n'auroit-on pas, si notre précipitation faisoit perdre ces secours, ou les rendoit inutiles ! *Signé*, E S T A I N G.

Mon avis est que l'Escadre fera bien de partir pour l'Isle de France, n'ayant aucun avis du moindre secours en Vaisseaux

3. ni en vivres, ni en Matelots. A Pondichery, le 31 Août 1758. *Signé*, M. LALLY, Brigadier.

Suivant l'instruction de M. le Comte d'Aché, il ne lui est libre de quitter la Côte de Coromandel qu'au 15 Octobre.

Cependant, vu l'état où son dernier combat a mis les vaisseaux qu'il commandé, mon avis est qu'il anticipe le moment de son départ.

Quitter dès aujourd'hui la Côte, me paroît un parti très-dangereux, par rapport au bien de la Colonie & à la sureté des Troupes du Roi.

4. Différer son départ jusqu'au 20 ou 25 Septembre, me paroît un parti plus convenable, par la raison que l'Escadre Angloise sera pour lors moins à portée d'entreprendre sur la côte, attendu l'approche de la mauvaise saison.

Il n'y a d'ailleurs aucun coup de vent, ni aucun péril de mer d'ici ce à temps. *Signé*, DE LANDIVISIAU.

Vu

Vû les dangers où font expofés les Établiffemens François dans l'Inde, fi la Flotte quitte la Côte avant que l'Efcadre Angloife ne puiffe plus rien tenter fur ces mêmes Établiffemens, mon avis eft que, malgré tous les inconvéniens qui peuveut fe trouver au retour du départ de l'Efcadre, il foit décidé qu'elle refte devant Pondichery au moins jufqu'au 25 de ce mois; alors il ne reftera pas à l'Efcadre Angloife un temps fuffifant pour entreprendre rien de confidérable; & fi nous avons quelque fecours à attendre d'Europe, comme nous avons tout lieu de l'efpérer, ils feront arrivés d'ici à ce temps : M. Bouvet n'eft arrivé l'année derniere que le 8 de Septembre 1757.

Signé, Montmorenci-Laval.

5.

Sur l'incertitude de l'arrivée des fecours d'Europe, promis par le Miniftre, l'expofé actuel des Poffeffions de la Compagnie, & l'apparence des attaques que l'Ennemi peut y faire, il me paroît néceffaire que notre Efcadre, quoique dans une impoffibilité démontrée d'agir, prolonge fon féjour dans cette rade pour y gagner du temps, & maintenir l'Efcadre Angloife dans l'inaction où nous la voyons depuis le dernier combat. Ce 35 Août 1758. *Signé*, Breteuil.

6.

Mon avis eft que l'Efcadre refte à Pondichery jufqu'au 15 de Septembre, toutefois que la confommation qu'elle y fera, ne foit point préjudiciable à la fubfiftance des Troupes de terre, pendant l'hyvernage qu'ils doivent y faire.

Signé, le Chevalier de la Fare.

7.

Il paroît par l'Ordonnance dont on a fait lecture, que l'intention du Roi eft que l'Efcadre ne quitte la Côte de Coromandel que le 15 d'Octobre; mais fon mauvais état actuel l'oblige de devancer ce terme prefcrit, pour aller chercher ailleurs des fecours qu'elle ne trouve point ici : fon abfence donneroit dans ce moment à la Flotte Angloife, la liberté & le temps de verfer fes matelots à terre, ce qui mettroit en danger les Poffeffions de la Compagnie dans l'Inde : fa préfence au contraire, quoiqu'emboffée fous le canon de Pondichery, pareroit à cet incon-

8.

F

venient ; il me paroît poſſible que notre Eſcadre reſte ici encore
quelques jours, ſans attendre le 15 Octobre, ſoit à cauſe des
vents qui s'augmentent tous les jours, ſoit à cauſe de la difficulté de fournir les vivres qui lui ſont néceſſaires. Ce retardement dans ſon départ, mettra les Anglois dans l'impoſſibilité de rien entreprendre juſqu'au moment où le changement
de mouſſon les obligera de s'éloigner.

Signé, le Chevalier DE CRILLON.

Sur l'expoſé de M. le Comte d'Aché, je ne vois rien de plus
preſſé que le départ de l'Eſcadre pour les Iſles, où une fois arrivée,
elle ne doit pas perdre un inſtant à ſe réparer & à s'armer le mieux
qu'il lui ſera poſſible, pour reparoître en forces dans l'Inde,
auſſitôt que la ſaiſon rend la Côte de Coromandel abordable.

Rien n'eſt plus néceſſaire que de profiter de la circonſtance
heureuſe de l'arrivée de la Silphide, pour répandre le bruit que
l'Eſcadre va au-devant de quelques ſecours : nous pourrions,
par les faux avis qu'en recevroit l'Amiral Anglois, gagner du
temps ſur les entrepriſes qu'il voudroit faire à la Côte (vu la
ſaiſon avancée). Nous nous trouverons à l'abri de leurs entrepriſes. Fait a Pondicheri, ce 31 Août 1758. *Signé*, VERDIERE.

Mon avis eſt que s'il eſt prouvé que l'Eſcadre eſt hors d'état
de combattre, & qu'il ſoit à craindre qu'ils n'aient un coup de
vent en s'en allant à l'Iſle de France, leurs mâtures étant fort
endommagées, il ne faut pas les mettre dans le cas de ne pouvoir pas aller juſqu'à l'Iſle de France, où ils pourrout ſe radouber & ſe remâter : il faut les faire partir le plutôt qu'on pourra
ponr l'Iſle de France : mais pour empêcher que l'Eſcadre Angloiſe ne ſoit pas à même de faire aucune entrepriſe ni ſur
nos terres, ni par mer, attendu que tous les vaiſſeaux de
guerre ne peuvent pas reſter à cette Côte paſſé les dix premiers
jours du mois d'Octobre, ſans courir de gros riſques, que
l'on puiſſe prolonger le départ de notre Eſcadre, juſqu'à vers
le 20 du mois de Septembre, pourvu toutefois que l'on puiſſe
lui fournir des vivres pour ſa traverſée & pour juſqu'à ce terme.

Signé, DUBOIS.

Les forces de terre ſont ſuffiſantes pour conſerver Pondichery ;

mais on ne doit pas attendre de ces mêmes Troupes, qu'elles puissent être employées à la conservation des autres Possessions de la Colonie : les fatigues qu'elles ont essuyées dans cette derniere campagne, la nature du pays par le torrent des rivieres, s'opposent entiérement aux secours que l'on seroit à même d'envoyer contre la descente des Ennemis dans quelqu'une de ces parties. On ne peut attendre ce secours que de l'Escadre que nous avons ici, ou au moins, qu'elle donne le temps de laisser reposer les Troupes; c'est une affaire de quinze jours : quelque délabrée que soit l'Escadre, ce temps peut être employé à son avantage, & gagnera le terme où l'Escadre ennemie sera obligée d'abandonner, ainsi que nous, la Côte. La bonne conduite de Monsieur d'Aché, son zèle & sa bonne volonté ne me permettent pas de douter qu'ils ne sente, ainsi que tout le monde, la nécessité de rester ici quinze ou vingt jours; c'est mon avis.

Signé, FUMEL.

Vu l'exposé de ce jour, mon avis est que l'Escadre reste ici jusqu'à la fin du mois de Septembre, ou au moins jusqu'au 25 dudit mois, sans quoi toutes nos Aldées qui sont sur la Côte, sont dans le risque d'être ravagées, & détruites, sans que les Troupes de terre puissent s'opposer efficacement par l'impossibilité qu'il y auroit de pouvoir s'y porter assez promptement. Délibéré à Pondichery, le 31 Août 1758. *Signé*, DIERRE.

La Colonie ayant épuisé toutes ses ressources, & vuidé ses magasins, pour réparer l'Escadre du Roi, & pour fournir même imparfaitement la subsistance aux équipages,

Mon avis est qu'elle parte au plutôt, & se rende aux Isles de France, où il est essentiel qu'elle y fasse rétablir & rafraîchir le restant de ses Matelots, & y radouber ses vaisseaux, de façon à les mettre en bon état pour revenir dans l'Inde avec la division que le Roi promet à nos Généraux.

La perte considérable que cette Escadre a faite en Matelots tués & blessés, partie des vaisseaux ayant des voies d'eau, leurs mâtures & envergures jumelées, qu'on ne peut remplacer à Pondichery, sont encore des motifs bien essentiels pour accé-

lérer le départ de l'Escadre , qu'il est de la plus grande conséquence de préserver dans cet état d'un coup de vent. A Pondichery , dans la salle du Conseil, le 31 Août 1758.

Signé, GOTHO.

Vu les circonstances où se trouvent aujourd'hui les affaires ,
l'Escadre, depuis le second combat, n'étant plus en état de ratta-
quer les Ennemis, ceux-ci restant maîtres du vent , à portée de
joindre leurs secours , & d'intercepter les nôtres, pouvant même sans cela, venir nous livrer un combat, dont le sort ne pourroit être que désavantageux , puisque n'y ayant plus aucune
forte d'agrès à Pondichery , on courroit risque de perdre les
vaisseaux que l'on auroit même conservés dans l'action.

Considérant d'ailleurs que cette Place n'est pas assez pourvue
de vivres pour l'entretien de la Flotte & de l'Armée, cette derniere surtout, paroissant suffisante à la garde de nos Possessions ,
au moins jusqu'à l'an prochain, & la proximité de la Mousson
allant encore obliger l'Escadre Angloise à n'entreprendre point
d'expédition sérieuse avant de quitter la Côte.

Ayant préliminairement bien réfléchi au désavantage de la
plûpart de nos vaisseaux qui ne peuvent se battre au vent , &
autres objets, par le défaut de Matelots , &c. qui obligent de
se réduire ici à la défensive.

Mon avis est que l'Escadre ensemble fasse route sans aucun
délai pour l'Isle de France, afin d'y armer & radouber les vaisseaux incessamment , pour qu'ayant joint le *Centaure* & les autres renforts qu'on doit espérer , & ayant remplacé par des Matelots ou des Cafres les équipages qui manquent à chaque vaisseau, on puisse repartir le plutôt possible & revenir à cette côte
afin d'y livrer un combat décisif, après lequel on puisse ensuite
continuer les opérations. Fait à Pondichery ce 31 Août 1758.
Signé, le Chevalier DE MONTEIL.

L'Escadre de M. le Comte d'Aché, après avoir essuyé deux
combats, n'est plus en état de rien entreprendre, mon senti-
ment est qu'il convient qu'elle parte pour se rendre à l'Isle de
France.

Marine.

2.

Dans l'état où eſt l'Eſcadre on ne doit point différer ſon départ; c'eſt le moyen le plus certain d'avoir l'année prochaine de nouveaux ſecours dans l'Inde, & ſe mettre dans le cas d'attaquer les ennemis avec ſuccès. A Pondichery dans la Chambre du Conſeil, ce 31 Août 1758. *Signé*, BAUDRAN. *Marine.* 3.

La ſituation actuelle où nous nous trouvons, manquant de vivres, d'argent, & de tout en général, me fait penſer que de garder ces vaiſſeaux juſqu'au 15 Octobre, ils ne couruſſent des riſques évidens, ſoit par le mauvais tems, ſoit par le manque de proviſions pour leur voyage d'ici aux Iſles; notre ſentiment ſeroit donc de les garder juſqu'au 15 Septembre, même juſqu'au 20, tems auquel nous ne devons attendre aucun ſecours ni d'Europe ni des Iſles. Fait à Pondichery le 31 Août 1758. *Signé*, BARTHELEMY, GUILLARD; DE LARCHE; BAUSSET, DE LA SELLE; DESVAUX, & GUEULLETTE. 14.

Le départ de l'Eſcadre marquant trop publiquement notre foibleſſe; le crédit que la Nation a dans l'Inde ne ſe ſoutenant que par la réputation de ſes armes; la conduite de l'Eſcadre Angloiſe prouvant d'ailleurs l'égalité, puiſqu'elle n'a point cherché à combatre la nôtre, depuis le dernier combat qui s'eſt donné le 3 de ce mois, mon avis eſt que l'Eſcadre reſte encore ce mois de Septembre à la côte : pour la mettre en état de faire ce ſéjour, il faut que Pondichery lui fourniſſe des vivres pour le journalier, afin qu'elle ne conſomme pas ceux qu'elle a actuellement, qui lui ſont abſolument néceſſaires pour faire ſon retour aux Iſles : ce ſéjour la met dans le cas de ſe joindre aux ſecours qui pourroient lui arriver, nons ne ſommes point dans le cas d'en déſeſpérer; d'ailleurs le voyage de cette côte aux Iſles ſera beaucoup plus prompt en partant à la fin de ce mois, ou dans les premiers jours de ceux d'Octobre, tems de la partance ordinaire. A Pondichery le 31 Août 1758. *Signé*, le Chevalier DE LUKER, Commiſſaire des Guerres. 15.

La grande néceſſité où l'Eſcadre eſt d'être dans un Port pour y carener & ſe radouber, tant les mâtures, gouvernails, que le *Marine.* 4.

corps des vaisseaux & manœuvres, qu'il y a à craindre qu'elle ne pourroit pas se rendre aux Isles si elle restoit longtems dans cette rade, ne pouvant plus servir sans cette réparation ; mon avis est de partir le plutôt que l'on pourra pour l'Isle de France, & se remettre en état de revenir combatre les ennemis. A Pondichery le 31 Août 1758. *Signé*, DE LA CHAISE.

Marine.
5.

La supériorité de l'Escadre reconnue, & sa position actuelle la mettant dans le cas d'intercepter tous les secours que nous pouvons attendre, & de favoriser les siens sans qu'on pût l'empêcher ; la possibilité d'être forcé sur cette rade s'il arrivoit des secours aux ennemis, d'où s'ensuivroit la perte évidente de l'Escadre, ou d'y être bloqué ou forcé d'en venir à une action qui ne pourroit, à tous égards, que nous être désavantageuse ; mon avis est de quitter sans délai & au plutôt cette rade, pour gagner un Port sûr où on puisse regréer & radouber les vaisseaux, & les mettre en état d'entreprendre ce que les circonstances & le bien du service exigera. A Pondichery le 31 Août 1758. *Signé*, PALLIERE.

Marine.

Sur la demande faite en Conseil mixte assemblé par M. le Comte de Lally, sur les risques que courent les possessions de la Compagnie, & les troupes du Roi venues en ce pays-ci sous la protection de l'Escadre, si ladite Escadre quitte la côte & s'en retourne aux Isles.

Avis très-important à lire pour les détails qu'il contient.

Ma réponse est que l'Escadre, dans l'état où elle est aujourd'hui, ne peut livrer un troisiéme combat aux Anglois avec ses propres forces : nous avons vû dans le dernier combat que les vaisseaux Anglois étoient aussi bien armés qu'on le doive être, & incomparablement mieux qu'ils ne l'étoient lors du premier combat à notre arrivée ici. Leurs vaisseaux sont tous vrais vaisseaux de guerre bien battans en toute mer, au lieu que par expérience nous avons vû qu'il y en avoit trois des nôtres qui ne pouvoient se battre au vent de l'ennemi, & qui ne le pouvoient pas même sous le vent, si la brise étoit un peu forte ; de sorte que nous voyons clairement aujourd'hui que quand M. de Lally nous donneroit beaucoup de troupes à embarquer sur nos vaisfeaux, nous ne pourrions livrer ce troifiéme combat, fans que les Colonies ne couruffent immédiatement après le combat les rifques d'une perte affurée ; les trois vaiffeaux dont eft parlé ci-deffus n'ont qu'à manquer dans le combat , faute de pouvoir fe fervir de leurs batteries , les autres feront expofés à un bien plus grand feu : ainfi ils pourroient par conféquent être défemparés de quelques mâtures , puifqu'elles font dejà bien endommagées ; par conféquent n'étant plus foutenues des autres , ils pourroient refter au pouvoir de l'ennemi, qui ne manqueroit pas alors de profiter de fon avantage & de détruire le refte ; il n'y auroit donc plus d'efpérance de reformer une Efcadre, la plus grande par-tie de nos gens prendroient parti chez les vainqueurs, & tout feroit perdu : d'ailleurs Pondichery manque, dit-on, de vivres, fi on y refte plus longtems nous l'affamerons tout-à-fait. Je penfe donc que l'on pourroit plus efpérer en retournant de bonne heure , parce que pour lors les vaiffeaux auront le tems de s'y réparer & de revenir avec les vaiffeaux qui peuvent foutenir un combat , joints à ceux qui pourront être arrivés d'Europe, & qui devra pour lors former une Efcadre fupérieure à celle des Anglois, & par conféquent avoir le deffus : car, quant aux rifques de nos poffeffions, je n'ai jamais fervi par terre ; mais à en juger par le paffé, lors du fiége de Pondichery par terre & par mer, avec plus de vaiffeaux & plus de troupes que les Anglois n'en ont à préfent, je crois que l'on doit être tranquille, fur-tout ayant à la tête des troupes des Généraux incomparable-ment plus expérimentés : mais j'ajoute à tout cela que depuis l'inftant de notre départ d'ici, on doit faire tout ce qui fera pof-fible pour fe rendre promptement à Maurcie, de s'y réparer & revenir avec le plus de forces maritimes que l'on pourra raf-fembler, au plûtard en Janvier ou Février : c'eft fur fur la fup-pofition que l'on en agira ainfi que mon avis eft fondé. A Pon-dichery ce 31 Août 1758. *Signé*, SURVILLE cadet.

Marine.
6.

Sur l'expofé fait au Confeil mixte affemblé le 31 Août, où préfidoit M. le Comte de Lally , Lieutenant Général des Ar-mées de Sa Majefté, il a été repréfenté & agité lequel des par-tis feroit le meilleur à prendre avec l'Efcadre Françoife com-

Marine.
7.

mandée par M. le Comte d'Aché ; sa situation jointe aux événemens qui peuvent s'ensuivre me détermine à donner mon avis pour qu'elle appareille promptement pour aller à l'Isle de France , & pour tout concilier sous le 10 ou le 15 Septembre au plutard. A Pondichery le 31 Août 1758. *Signé*, DE JOANNIS.

L'Escadre sous les ordres du Comte d'Aché , après deux combats avec les ennemis, se trouve dans l'impuissance de rien entreprendre : les vaisseaux sont dépourvus de tous cordages , voiles & cables, les mâtures entiérement endommagées, dont la plûpart n'ont point été renforcées, n'ayant plus ici de bois ni matériaux propres à cette opération ; en outre le corps des vaisseaux est en très-mauvais état, faisant de l'eau & ayant un pressant besoin de carener ; ce qui fatigue les équipages qui sont aujourd'hui en bien petit nombre de Matelots : il faut donc à cette Escadre un Port de sûreté pour s'y rétablir entièrement & pouvoir se mettre en état d'entreprendre ce que l'on jugera à propos dans la suite.

Marine.
8.

Mon avis, c'est que l'Escadre parte pour gagner au plutôt le Port-Louis, Isle de France, comme l'entrepôt des choses nécessaires à la Marine. *Signé*, BOUVET.

Marine,
9.

L'Escadre sous les ordres de M. le Comte d'Aché, après deux combats avec les ennemis, se trouve aujourd'hui hors d'état de rien entreprendre, sans cordages, sans cables, les mâtures très-endommagées, le corps des vaisseaux très-maltraité & faisant beaucoup d'eau , joint au pressant besoin de carener, les gouvernails très-mauvais ; en outre les équipages des vaisseaux diminués presque de moitié , sans nulle ressource ici pour se réparer ; elle n'a point d'autre parti que de chercher un Port pour se rétablir : mon avis est qu'elle parte au plutôt pour l'Isle de France, où elle sera à même de se réparer & de se pourvoir de tout ce qu'elle a besoin pour se mettre en état d'entreprendre. A Pondichery ce 31 Août 1758. *Signé*, DE BECDELIEVRE.

Vû le mauvais état où se trouve l'Escadre, par les combats qu'elle a essuyés & le peu d'équipages qui reste, mon avis est

de

de partir le plutôt qu'il fera poffible pour le Port du nord-oueft
de l'Ifle de France, pour s'y radouber & s'y remettre en état
de venir combattre les ennemis. *Signé*, GOUYON.

Il manque mille à douze cens hommes fur l'Efcadre pour
qu'elle foit armée comme elle devroit l'être.

Nous avons plufieurs vaiffeaux dont la foible artillerie & le
peu de batteries nous mettroit dans le cas de ne compter que
foiblement fur eux; ainfi il eft impoffible de rifquer un troifiéme
combat, parce qu'il feroit impoffible d'agréer les vaiffeaux pour
les mettre en état d'entreprendre aucune traverfée, puifque
fans le vaiffeau Hollandois, l'Efcadre eut été dans l'impoffibilité
de fe réparer.

Il n'eft pas poffible de garder l'Efcadre ici tout le mois, il n'y
a pas ici un cable de rechange, la plus grande partie des vaiffeaux n'en ont que de peu ftables.

Le mois de Septembre eft fujet à des révolutions que donnent fouvent de forts grains de l'eft. La mauvaife qualité de nos
amarres exigeroit donc que l'Efcadre mouillât plus au large
qu'elle n'eft ; elle ne feroit plus alors protégée par le canon de
la Place, & celle des ennemis pourroit tout entreprendre fur
elle.

Notre Efcadre eft dénuée de toutes forces, de vivres même,
puifqu'à peine avons nous de quoi fuftanter nos équipages jufqu'aux Ifles.

Plufieurs vaiffeaux font confidérablement de l'eau, fur-tout
le mien qui eft fur fon franc bord ; & en conféquence mon avis
eft que l'Efcadre parte fous peu de jours, & qu'elle foit pourvue
au moins de vivres frais pour foulager les malades qu'elle pourroit avoir dans la traverfée. A Pondichery le 31 Août 1768.

Signé ; DUFRESNE MARION.

Attendu que les vaiffeaux n'ont que pour quarante jours de
vivres en ris & viandes falées, par le défaut de bifcuit & de falaifons que l'on a pû leur fournir ici jufqu'à préfent, & que je
vois de l'impoffibilité à ce que l'on leur en donne davantage,
eu égard à la quantité de troupes qui rentrent à Pondichery, &

que l'Hôpital eſt à chaque repas à la veille d'en manquer, mon avis eſt de partir de Pondichery le plûtôt qu'il ſera poſſible, d'autant mieux que les vaiſſeaux ne ſont rien moins qu'en état d'eſſuyer un troiſiéme combat, par leur peu d'équipages & leur mauvais gréement, la plûpart ayant peu de cables, qu'on ne peut leur remplacer. *Signé*, BABINET.

16. Dans la ſituation où ſont les vaiſſeaux, il y auroit trop de danger à les retenir à cette côte juſqu'au 15 Octobre; mais je penſe qu'il ſeroit à propos qu'ils reſtaſſent juſqu'au 15, & même juſqu'au 20 de Septembre, pour contenir leurs ennemis par leur préſence & les empêcher de rien tenter ſur aucun de nos établiſſemens; l'inaction où a reſté l'Eſcadre Angloiſe depuis le dernier combat, donne lieu de croire qu'elle ne viendra pas les attaquer en rade emboſſée & ſous la protection du canon de la Place; je ferai enſorte qu'ils ne manquent point de vivres juſqu'à ce tems, où il n'y aura plus guères lieu d'eſpérer des ſecours de France ni des Iſles. A Pondichery le 31 Août 1758.

Signé, DE LEYRIT.

Marine. **13.** Les vaiſſeaux entiérement hors d'état de rien faire, plus d'équipages, & ce qui en reſte excedé, toutes les manœuvres en dépériſſement, de même que les mâtures, point de cables, nulle reſſource dans Pondichery; mon avis eſt que l'Eſcadre parte & ſe rende le plutôt qu'elle pourra à l'Iſle de France pour y être réparée. *Signé*, COMTE D'ACHÉ.

Vû les Avis ci-deſſus, le plus grand nombre eſt que l'Eſcadre reſte en rade juſqu'au 15 & 20 Septembre, & il a été arrêté en même tems que la préſente Délibération ſeroit préſentée à M. le Comte d'Aché pour s'y conformer. Fait en la Chambre du Conſeil à Pondichery le 31 Août 1758. *Signés*, LALLY, DE LEYRIC, BARTHELEMY, GUILLARD, DE LARCHE, DE LA SELLE, BAUSSET, DESVAUX, GUEULETTE, & le Chevalier DE LUKER.

Pour copie, LAGRENÉE,
Sécretaire du Conſeil.

Officiers de terre 16.
Officiers de marine 13.

Copie de la Réponse de M. le Comte d'Aché, & de tous les Capitaines des Vaisseaux de son Escadre, au Conseil de Pondichery, tenu le 31 Août 1758.

MESSIEURS,

Quand je répondis à la Lettre du 18 du présent, par laquelle vous me demandiez s'il seroit praticable & prudent de livrer un troisiéme combat à l'Escadre Angloise, après avoir assemblé les Capitaines de nos Vaisseaux, je vous exposai par la Lettre du même jour à six heures du soir, l'état de mon Escadre & l'impossibilité de tenter une entreprise dont le succès même n'auroit pû assûrer aucune conquête dans cette saison avancée ; & je vous ajoûtois dèslors que par la position de l'ennemi, & la nécessité de conserver les forces de mer qui nous restoient, je pensois que le plus à propos étoit d'aller promptement aux Isles où nous devons attendre assez de renforts, pour espérer d'être au moins l'an prochain égaux en forces à cette même Escadre Angloise que nous avons attaquées deux fois, & qui est supérieure par la qualité de ses Vaisseaux.

Je songeai cependant alors que nonobstant toutes les raisons de Marine, il étoit à propos d'avoir égard à la situation où étoient les Troupes, & pour donner le temps à M. le Comte de Lally de venir mettre ordre à tout, & faire les dispositions que ce Général estimeroit nécessaires. Je différai mon départ pour le bien du service, pendant que je restois embossé. Enfin, Messieurs, comme cette situation forcée n'est pas nécessaire aujourd'hui, que le retour de l'armée assure tous les moyens de défense ; & comme de jour en jour nous ressentons des difficultés pour les subsistances qui ne suffisent pas pour les Troupes & pour les Vaisseaux, j'avois demandé qu'il fût assemblé un Conseil mixte, pour que y ayant considéré l'avantage de partir immédiatement pour le Port où sont tous nos secours, on prît la résolution du départ.

Dans ce Conseil, où les voix des personnes qui ne sont pas de la Marine se trouvent toujours en plus grand nombre, il a

été vu que la pluralité defdites voix a été que l'Efcadre conti-
nuât en cette rade jufqu'au 15, nonobftant tous rifques à courir, & malgré la difficulté reconnue de fournir à fon Journalier.

C'eft fur cela, Meffieurs, qu'ayant, felon les ordres expli-
qués dans mes inftructions, tenu un Confeil particulier avec
mes Capitaines, qui ont donné leur voix pour le départ, j'ai arrêté & déterminé avec eux que j'aurois l'honneur de vous avertir, pour que vous fiffiez vos dépêches, & que je partirois en
effet la nuit du Samedi au Dimanche.

Nous avons bien pefé, Meffieurs, les petits embarras que
pourroit vous caufer notre départ, avec tous les inconvéniens
funeftes qui réfulteroient aux affaires de l'Inde en général, & à
la Marine en particulier, fi elle étoit forcée à un troifiéme combat, puifque vous n'avez abfolument plus aucuns agrès ni fournitures quelconques.

Nous avons bien réfléchi aux avantages que l'enremi peut
tirer d'un jour à l'autre de fa pofition; & jugeant que les Officiers de leur Marine qui viennent d'être échangés, font encore
plus en état de leur infpirer des idées d'attaquer avec plufieurs
brûlots, foit de venir nous bloquer en mouillant à notre vue,
nous avons penfé à l'occafion qu'ils ont de recevoir quelques
renforts qui les détermineroient auffi-tôt, tandis que nous ne
pouvons nullement joindre avant eux les Vaiffeaux François,
quand même on fuppoferoit qu'il nous en fût expédié fi tard.
Nous avons difcuté les divers befoins preffans où fe trouve
l'Efcadre dénuée d'hommes, d'agrès, &c. & combien il étoit à
defirer de commencer promptement à nous radouber pour l'année prochaine.

C'eft après avoir rappellé tous ces objets & autres confidé-
rations, que je me fuis déterminé à ce départ annoncé par la
préfente, dont je garde copie, à laquelle fignent tous les Capitaines qui compofent l'Efcadre, dont l'expérience, ainfi que le
zèle, vous font connus. *Signé*, DUFRENE, MARION, BECDE-
LIEVRE, GOUYON, BABINET, BOUVET, DE LA CHAISE,
PALLIERE, BAUDRAN, JOANNIS, SURVILLE Cadet, le Chevalier DE MONTEIL, GOTHO, & le Comte D'ACHÉ.

EXTRAIT des Instructions données par le Roi à Monsieur le Comte d'Aché. N°. 36.

Ce qui formera le résultat des Conseils généraux à la pluralité des voix, devra être exécuté, quand même ce n'auroit pas été l'avis particulier, soit du Commandant des Troupes de S. M. soit du Commandant de l'Escadre. Il est néanmoins un cas où le sieur Comte d'Aché pourra se dispenser de suivre le résultat du Conseil, qui seroit celui où il penseroit, ainsi que les autres Officiers de la Marine présens au Conseil, qu'il y auroit trop de risques pour les Vaisseaux de S. M. de les employer à l'opération qui auroit été arrêtée : mais alors le sieur Comte d'Aché & les autres Officiers de la Marine, remettroient ensemble au Conseil un Mémoire par écrit qu'ils signeroient, où toutes leurs raisons seroient expliquées. S. M. s'attend, au reste, que dans tout le cours de la campagne du sieur Comte d'Aché, il n'arrivera aucun cas semblable ; & d'ailleurs *Elle ne peut que s'en rapporter à son expérience, & à celle des principaux Officiers de l'Escadre sur la possibilité, sans trop de risques, des opérations de Mer, où ses Vaisseaux pourront être le plus utilement employés, soit pour concourir au succès des expéditions que les Troupes entreprendront par terre, soit pour celles qui seront purement maritimes.*

REPRÉSENTATIONS en forme d'Inventaire de la quantité de vivres actuelle dans les Magasins, comparée à la consommation journaliere, suivant le dénombrement fait le 9 d'Octobre. N°. 37.

Il ne reste aujourd'hui neuviéme jour d'Octobre, que 112 milliers de farine d'Europe & 560 barils, 180 tonneaux de bled du Cap, 50 milliers de ris blanc, 60 milliers de ris en paille, que je passe pour 30 milliers de ris blanc, faisant en tout 80 milliers de ris & 16 mille livres de biscuit tout fait.

Nous avons actuellement 4000 Blancs, & à l'arrivée du Vaisseau l'Illustre nous en aurons 4500 à nourrir en farine ou bled, & 300 Lascards ou Malabares à nourrir en ris.

Discutons premierement l'article du ris. Je suppose que la

Colombe arrive dans trois mois d'ici avec un chargement tel quel, il donne des vivres pour ces trois mois aux Indiens fusdits, c'est une affaire de 45 à 50 milliers de ris. L'Hôpital, dont je suppose la confommation à 200 livres par jour, fait un objet de 18 milliers, refteroit donc 12 milliers de ris feulement applicables à la fubfiftance des Blancs, même fuppofant que la Colombe en apportât fuffifamment pour donner le tems d'attendre la remife du ris de l'Ifle, qui ne fe fera qu'en Mai prochain, c'eft-à-dire qu'elle en apportât à peu près 100 milliers, & qui peut très-bien ne pas arriver. Il y auroit donc de l'imprudence à compter fur cela pofitivement, & je penfe qu'il ne faut avoir aucun égard au ris avec lequel on aura bien de la peine à procurer la fubfiftance des Lafcards, Malabares, & les rafraîchiffemens indifpenfables à l'Hôpital.

Voyons l'article du bled & de la farine. Il faudroit au moins pouvoir fe mettre dans la pofition de réferver les 112 milliers de farine ci-deffus pour l'approvifionnement des Vaiffeaux qui doivent prendre la mer, quantité qui ne leur fuffira que pour deux mois ou deux mois & demi au plus. Pour cela il faudroit que les 180 milliers de bled & peut-être 50 à 60 milliers du crû de l'Ifle de France qui pourroit être mis d'ici là, puffent les nourrir jufqu'à leur départ. Or à 4500 bouches il faut 7 milliers de bled par jour, 240 milliers à raifon de 7 milliers par jour ne donneront que 34 jours, tems auquel il faut borner la relâche des Vaiffeaux; donc ayant été nourris pendant leur relâche, ils auront du bifcuit pour deux mois ou deux mois & demi. Si le Vaiffeau le Neptune doit arriver, il arrivera fous 30 jours. Ce Vaiffeau à 300 barils de farine de cargaifon, cela fera encore au moins pour un mois de vivres auxdits Vaiffeaux. Vous voilà donc à trois mois & demi de vivres, en fuppofant le Neptune arrivé, parce que l'on peut embarquer la farine en nature fi on n'a pas le temps de fabriquer du bifcuit, qui empêche d'avoir recours à la poudre nourriffante pour le demi mois reftant, cela ne feroit qu'un huitiéme, & n'iroit pas par conféquent à un jour par femaine. Si le Vaiffeau le Neptune n'arrive point, ce qu'on a tout lieu de craindre, qui empêche de faire paffer le Vaiffeau à Madagafcar? Eft-ce trop fe flatter que de compter fur 60 à 80 milliers de ris qui fuppléeroient au défaut de la farine du Neptune ?

Je ne parle point du peu de farine qui peut refter à bord des Vaiſſeaux du Roi, non plus que du bifcuit qu'ils ont , & que l'on eſt convenu de faire manger en rade , & qui allongera toujours de quelques jours. La Baleine, l'Eléphant & le Chameau doivent avoir auſſi quelques bifcuits de refte de leur armement, & ces deux derniers ne reprendront point la mer qu'il ne nous foit venu quelques fecours du dehors.

Au moyen de ce que deſſus, l'article des Vaiſſeaux qui doivent partir fera rempli ; mais il faut obferver que nous refterons ici avec au moins 2400 Blancs , parce qu'il faut y comprendre le monde exiſtant au port du Sud-Eſt, les femmes & les enfans des Soldats & ouvriers attachés au fervice de la Compagnie, & certain nombre de particuliers non attachés audit fervice , qui cependant ne peuvent tirer leur fubfiſtance que des magaſins : il faut auſſi penſer que les Malabares & Laſcards, gens libres & que la Compagnie eſt obligée de fubſtanter en ris, ont auſſi beaucoup de femmes & d'enfans, qui ne vivent & ne peuvent abfolument vivre qu'aux dépens des magaſins de la Compagnie : il faut obferver, dis-je, que ces 2400 Blancs , &c. n'auront plus pour vivre pendant quatre mois & demi , tems qu'il faut à l'Hermionne pour faire fon voyage au Cap , que le bled que l'Iſle aura produit en fus des 60 milliers ci-deſſus qui fera bien modique , & dans quel état affreux ne tomberions-nous pas s'il arrivoit quelque évenement fâcheux audit Vaiſſeau l'Hermionne.

Malgré tout cela, je crois qu'il eſt de toute néceſſité de mettre abfolument en réferve pour la fabrication du bifcuit les 112 milliers de farine d'Europe exiſtant actuellement , & de ne confommer pendant la relâche que la farine que nous procureront les moulins à eau & à vent, ce qu'ils ne pourront faire en quantité fuffifante, & de fuppléer au défaut de la farine du pays, par le bifcuit exiſtant à bord des Vaiſſeaux du Roi, par la poudre nourriſſante & par le mahy , s'il le faut, à moins qu'on ne prenne le parti d'*envoyer vivre à Bourbon , fi cela fe peut , la moitié des hommes qui doivent armer les Vaisseaux de guerre, & qui ne nous soulageroit guere que d'un tiers de notre consommation pendant les 34 jours que je suppose que durera le relâche.*

On pourroit peut-être aussi gagner quelques rations en faisant faire un recensement exact du monde effectif dans chaque endroit, & diminuant la ration de quelques onces sur le pain, sauf à l'augmenter sur la viande de quelque chose, en supprimant quelques doubles consommations qui se glissent nécessairement dans les fournitures journalieres pour raison de quelques gens de mer qui envoyés d'un Vaisseau à Vaisseau pour le travail reçoivent leur rations deux fois, de quelques ouvriers du port qui envoyés de même à bord reçoivent leur ration, quoiqu'ils l'ayent eu à terre. Toutes ces minuties, auxquelles on ne prendroit point garde dans un tems d'abondance, méritent aujourd'hui une attention singuliere, & quand cela ne feroit qu'allonger les vivres de quelques jours, on ne doit point le négliger. Si la suppression des demi-rations en nature pour être payé en argent pouvoit quelque chose, on pourroit le faire même à bord des Vaisseaux du Roi; de plus, ne pourroit-on pas vérifier, en faisant représenter les Etats d'Armement, & même par une visite exacte à bord de chaque Vaisseau, ce qui existe effectivement tant en biscuit qu'en farine, sans s'en rapporter à une simple déclaration, qui par beaucoup de raisons, peut n'être pas de la derniere exactitude?

Par l'exposé ci-dessus, il est aisé de voir que nous ne pouvons, en consommant tout ce qui nous reste, garder les Vaisseaux plus d'un mois; que ces mêmes Vaisseaux sortant dans un mois, ne peuvent être approvisionnés en biscuit pour plus de deux mois & demi; que c'est même faire pour ces mêmes Vaisseaux plus que l'Isle ne peut, & mettre toute la Colonie dans le cas de vivre de mahy & de manioque jusqu'à ce qu'il plaise à la Providence de nous faire parvenir des secours, sur lesquels raisonnablement on ne doit pas compter, puisque nous n'éprouvons malheureusement que trop, au moins cette année, qu'à cet égard aucun événement ne nous est favorable.

Au Fort-Louis de l'Isle de France, le 9 Octobre 1758.

REPRÉSENTATIONS

Représentations faites à M. le Comte d'Aché par le Gouverneur des Isles de France & de Bourbon.

MONSIEUR,

La circonstance est des plus délicates: nous avons pris les seules précautions qui paroissent raisonnables ; mais comme le succès en est incertain & fort éloigné, & que nous ne risquons pas moins que la ruine de la Colonie & de l'Escadre, si nous nous trouvions déchûs de nos espérances, je crois, Monsieur, pour votre décharge & pour la mienne, devoir vous demander l'assemblée d'un Conseil mixte, composé, conformément à l'Ordonnance du Corps de la Marine, & des Membres du Conseil de l'Isle, en nombre égal : L'Arrêté de ce Conseil National nous mettra au moins à l'abri de tous reproches : quelques conséquences qui puissent en résulter, nous n'en serons plus responsables.

N°. 38.

A l'Isle de France, le 16
Octobre 1758. · *Signé*, MAGON.

MONSIEUR,

Le Corps de la Marine du Roi ne connoît pas assez le local des Colonies & les ressources qu'on en peut tirer, pour discuter ce point qui est de pure administration : l'Escadre du Roi devoit trouver ici des approvisionnemens & des secours : la Cour a établi cet article très-positivement dans ses ordres & dans ses instructions : elle n'a donné au Commandant de ses Vaisseaux aucunes lumieres détaillées de la maniere dont il seroit pourvu en cette Isle à la subsistance des équipages, parce que cette partie vous est confiée pour le détail & pour l'exécution ; & je m'en rapporterai toujours entiérement, Monsieur, aux arrangemens que vous prendrez à cet égard, & je vous prie de croire que je ferai tout ce qui dépendra de moi pour y concourir de la maniere la plus efficace & la plus convenable au bien du service du Roi, & à celui de la Compagnie des Indes.

A l'Isle de France, le 17 Octobre 1758.   Signé, D'ACHÉ.

Pour copie conforme a l'original qui m'est resté entre les mains. *Signé*, MAGON.

COPIE de la Lettre du Conseil Supérieur de l'Isle de France à M. le Comte d'Aché, du 21 Octobre 1758.

MONSIEUR,

N°. 39.

L'original est déposé au Greffe de la Cour.

LA disette générale des vivres, dont cette Colonie est menacée, va mettre le Conseil dans l'impossibilité de pourvoir à la subsistance de tout le monde qui s'y trouve rassemblé, *& surtout de celui qui est sous vos ordres.* Cette position exige que nous vous donnions la connoissance la plus ample de ce qui reste de provisions dans l'Isle.

C'est sur cette connoissance seule que vous pouvez former les projets, prendre les mesures, & déterminer les partis qui vous paroîtront les plus conformes à la suite de vos opérations maritimes, & à la conservation des Sujets du Roi.

Nous vous prions d'observer, Monsieur, que nos obligations s'étendent à faire vivre également la Colonie, dont l'administration nous est confiée, & les Sujets du Roi qui s'y trouvent, tant dans les Vaisseaux de Sa Majesté, que dans ceux de la Compagnie.

Par le recensement général de l'Isle, que nous vous mettons sous les yeux, nous avons à nourrir aujourd'hui 9246 personnes. Pour fournir à la subsistance de tout ce monde, il ne reste dans les magasins que quatre-vingt-dix à cent milliers de bled, trente milliers de légumes secs, quarante-huit à cinquante milliers de ris blanc, neuf cens milliers de mahy, cent milliers de farine, & deux cens milliers sur pied & non récolté. Par le calcul que vous êtes en état de faire vous-même, & nonobstant les retranchemens dont vous êtes convenu avec M. le Gouverneur, cette quantité de vivres peut à peine suffire pour la subsistance générale pendant trois mois & quelques jours. Après ce terme expiré, la Colonie entièrement dépourvue n'aura pas de quoi se sustanter pendant vingt-quatre heures.

Nous touchons au 20 Octobre, par conséquent notre perspective ne s'étend pas au-delà du 20 Janvier, encore faut-il supposer que les distributions se feront avec une précision qui réponde à ce calcul.

Nous ne pouvons nous promettre aucun secours des dehors. Dans deux mois la navigation sera fermée de toute part. Des deux Vaisseaux que la Compagnie a expédiés pour notre approvisionnement, le *Duc de Parme* doit être réputé pris ; nous ne devons plus compter sur son chargement. Le *Neptune* étoit encore à Rio Janeiro au départ de M. de l'Eguille, mais dans un état qui rend fort incertaine son arrivée en cette Isle.

En supposant que ce Vaisseau nous parvînt, nous sçavons qu'il n'a que trois cens quarts de farine, qui ne donneront que 60 milliers de pain, foible ressource pour l'extrêmité où nous nous trouvons réduits.

Outre le nombre de Blancs que les Vaisseaux & la Terre nous donnent à nourrir, la Compagnie a dans l'Isle attachés à ses travaux 3000 Noirs, auxquels étoient destinés les neuf cens milliers de mahy qui sont dans nos magasins.

Par l'emploi que nous allons être forcés de faire de ce mahy pour la nourriture des Blancs, les Noirs vont se trouver totalement à la charge de l'Isle ; il ne nous reste de ressource que dans le manioque ; s'en trouvera-t-il assez dans l'Isle pour eux jusqu'en Juin prochain. Que peut l'économie sur une denrée si douteuse si éloignée, & dans le moment présent, peut-on se promettre de la soustraire à l'avidité de tant d'hommes affamés, qui ne sentent d'autres biens en ce monde que leur vie ? Vous sçavez que les champs sont ouverts au premier que la faim y conduira.

Nous ne prétendons point, Monsieur, jetter un regard indiscret sur les opérations ultérieures dont vous êtes chargé, ni faire servir la disette actuelle de prétexte à nos représentations. Quelque naturel qu'il soit de vous prier d'observer qu'après la consommation des vivres de l'Isle , vous n'en serez pas moins dans l'impossibilité d'armer vos Vaisseaux & de sortir de ce Port , nous nous renfermerons dans l'objet qui nous est propre & particulier.

La Cour, suivant ce que vous avez écrit à M. le Gouverneur, vous a indiqué cette Isle comme une relâche dans laquelle vous deviez trouver des vivres ; s'il y en avoit, pourrions-nous vous les céler , sans nous rendre responsables envers le Roi du refus que nous vous en aurions fait ? Nous en croyez-vous capables ? Quelque humiliant qu'il soit pour le Conseil d'avoir à se précautionner contre une pareille imputation, nous souscrivons de bon cœur à toutes les recherches que vous voudrez bien faire faire pour constater l'état des grains existans dans l'Isle.

Par le défaut d'envoi d'Europe , & par la stérilité de cette année , les secours sur lesquels le Ministere a pu compter nous manquent. Nous sacrifions à vos équipages & au maintien de votre Escadre tout ce qui nous reste, nous nous chargeons de faire subsister 3000 Noirs , ce à quoi nous ne parviendrons qu'avec bien de la peine , & peut-être en en perdant beaucoup. Malgré ces efforts qui vous disent combien nous est précieuse la conservation des forces que vous commandez , & qui expriment l'envie que nous avons de remplir nos devoirs envers vous par préférence à toute considération , nous avons la douleur de voir la triste impossibilité où nous serons après la consommation de tous les vivres de l'Isle, de suffire à ce que le Roi & la Compagnie attendent de vous & de nous.

Le remede à une calamité aussi pressante dépend aujourd'hui plus du parti que vous prendrez, que de ce que nous pouvons faire. Nos ressources vous sont connues , les termes où elles peuvent nous conduire sont bien éloignés de celui où le salut de l'Inde vous attend avec vos Vaisseaux , & les hommes dont ils sont armés. Permettez-nous , Monsieur , de vous représenter que la conservation de votre Escadre est entre vos mains , & que c'est de cette conservation que dépend celle des Etablissemens de la Côte de Coromandel & de nos Colonies ; elle ne sera pas plutôt détruite ou dans l'impossibilité d'agir, que l'ennemi nous offrira par-tout des fers inévitables.

Le Conseil Supérieur en tant que chargé de votre subsistance ne peut vous fournir que ce que les magaſins renferment , que ce que cette terre produit ; au lieu que vos Vaiſſeaux peuvent avec de l'argent ſe tranſporter dans plus d'un lieu , où il eſt preſque moralement certain que vous trouverez cette ſubſiſtance qui vous manque ici , & l'approviſionnement qui peut vous mettre en état de retourner aux Indes : deux conſidérations également importantes , & pour le préſent & pour l'avenir.

Si vous reſtez ici , vous n'y pourrez faire vivre votre monde que pendant trois mois , après leſquels vous n'avez à partager que la diſette la plus effrayante ; il n'y a plus d'eſpoir de ſortir d'ici pour aller aux Indes , vous vous y conſumerez , votre Eſcadre eſt détruite.

Si vous abandonnez cette Iſle pour aller au Cap de Bonne Eſpérance , vous y vivrez abondamment , vos équipages s'y rétabliront ; vous y prendrez des proviſions , & vous pourrez être en état de rétablir le mal que vous fait aujourd'hui une diſette imprévue.

Nous diſons plus , Monſieur , pour mettre l'Eſcadre du Roi à couvert , prenez , mais prenez promptement & pendant que vous le pouvez , tout ce qu'il y a dans l'Iſle de propre à vous faire entreprendre le voyage que vous êtes forcé par la circonſtance de faire pour aller chercher une ſubſiſtance , nous y conſentons ; nous vous en conjurons , nous ne vous cachons pas l'état où vous nous laiſſerez ; mais tout déplorable qu'il eſt & qu'il deviendra , nous le préférons à la perte de votre Eſcadre, qui eſt la ſeule reſſource de l'Etat pour la conſervation de l'Inde.

Nous ne pouvons pas nous flatter que par aucun moyen nous puiſſions recevoir des ſecours en vivres, toutes nos eſpérances ſe bornent à un Vaiſſeau qui va aller à Madagaſcar, & qui ne rapportera que fort peu de riz, s'il a même aſſez de bonheur pour en trouver. Une lettre de M. de Valgny, Commandant à Sainte-Marie, nous ôte cet eſpoir ; il nous en dit les raiſons.

Le mois de Janvier expiré, nous vous prions d'en croire notre expoſé, il eſt exaɗ, il eſt fidele , il n'y aura pas en cette Iſle de quoi nourrir un homme. Avec quoi armerons - nous vos Vaiſſeaux en Avril ? Nous ne pouvons ſans douleur prévoir ce déſaſtre dont les Indes ſont menacées par la deſtruɗion de votre

Efcadre. Le nom François va être aboli à la Côte de Coromandel; votre abfence va nous y faire tout le dommage que les Anglois doivent craindre de vos armes.

Quand bien même, comme vous l'avez propofé à M. le Gouverneur, on tireroit du Cap de Bonne-Efpérance du bled par les Vaiffeaux que vous avez demandé qu'on expédiât, cette reffource ne peut nous parvenir qu'en Avril. Avant que de ce bled on ait fait faire de la farine & fucceffivement du pain, combien de tems ne faudra-t-il pas pour cette opération? De quoi fe nourriront les hommes qui font ici pendant les mois de Février & de Mars? Quelle mortalité n'avons-nous pas à redouter pour vos équipages? Si vous en perdez, avec quoi armerez-vous vos Vaiffeaux? La fuite trop certaine des grandes difettes eft la maladie & la mort.

En reftant dans cette Ifle toute l'année, comme vous en êtes menacé, ne perpétuerez-vous pas la calamité? Au contraire, en allant au Cap de Bonne-Efpérance avec tous vos Vaiffeaux de guerre, vous fauverez vos équipages, la Colonie qui fe foumet à languir ne périra pas; & en revenant ici en Avril, vous pouvez en fortir affez-tôt pour être en Août à la Côte de Coromandel, & faire face à l'ennemi. Vous aurez donné le tems à cette Ifle de réparer l'épuifement dans lequel elle eft, & qui ne peut qu'augmenter fi vous y reftez.

D'ailleurs, Monfieur, n'eft-il pas probable & même certain, qu'un Chef d'Efcadre commandant une Efcadre du Roi, & qui a de l'argent, doit bien mieux réuffir à tous égards à fe faire donner des Hollandois les fecours dont il a befoin, que deux Vaiffeaux marchands. Ne penferez-vous pas comme nous, qu'il eft à craindre que la retenue d'un Bâtiment de cette Nation aux Indes ne faffe refufer à ceux de la nôtre la quantité de vivres fur laquelle eft établie la néceffité de ce voyage. S'ils ne faifoient qu'y vivre, & qu'ils ne rapportaffent rien, votre malheur & le nôtre fubfifteroit; peut-être même feront-ils la proye des ennemis, s'ils ont le malheur de les rencontrer, vous n'avez rien du tout à craindre.

Ce que vous venez de faire aux Indes, Monfieur, la gloire dont vous avez été couvert, le zele des Officiers qui font fous vos ordres, ce que nous vous devons enfin, tout nous promet que vous voudrez bien jetter sur notre situation présente le même œil avec lequel vous avez vu la nécessité d'attaquer un ennemi en force. Vous avez sauvé l'Inde, c'est par vous que nous avons une conquéte de plus ; l'ennemi que nous avons à combattre ici est plus dangereux que celui auquel vous avez si glorieusement résisté avec des forces inégales. Il est dans nos foyers, vous pouvez l'en arracher, & devenir le salut des Colonies, après avoir été le libérateur des Indes. Il ne faut que porter ailleurs vos lauriers pour un tems, & vous les augmenterez en conservant au Roi ses appartenances, & à la Compagnie son commerce.

Permettez-nous, Monsieur, après le juste tribut que nous payons aux belles choses que vous venez de faire, de vous représenter les malheurs inévitables qui suivroient l'affreuse disette dont nous sommes menacés en Janvier prochain, ils ne vous ont pas échappé, nous en sommes certains.

Le soldat, le matelot, la populace, la negraille enfin, seront-ils dociles à la verge qui les retient aujourd'hui, lorsque privés de toute nourriture, ils verront venir à pas lents une mort toujours affreuse, & qui le devient bien davantage, quand elle est annoncée par les tourmens d'une faim qu'on ne peut assouvir. L'autorité peut-elle se promettre de contenir tant de victimes ? L'appareil de leur supplice n'est-il pas une excuse aux excès auxquels elles peuvent se porter ?

Peut-être trouverez-vous que nous prévoyons avec autant d'inquiétude les suites de notre état, que nous en sentons vivement les inconvéniens. Mais, Monsieur, ne nous blâmeriez-vous pas, si persuadés de tout le mal que la disette de vivres doit occasionner, nous négligions de vous faire les représentations que nous croyons capables de vous engager à les prévenir. La bonté de votre cœur nous est connue, elle nous autorise à faire des démarches pour vous engager à avoir pitié de tant de malheureux que la famine est prête de sacrifier ; & qui sont ces malheureux ? les compagnons de vos succès.

Nous ne ferons, Monsieur, aucune réponse définitive à la lettre que vous avez bien voulu nous écrire avant hier, au sujet

des Capitaines de la Compagnie qui commandent des Vaisseaux
de votre Escadre ; c'est du parti que vous allez prendre que
dépendent les arrangemens sur lesquels le Conseil peut prononcer , pour les mettre en état de servir par-tout avec les secours que vous demandez pour eux , & dont nous sentons la
justice à beaucoup d'égards.

Voilà, Monsieur, nos lumieres & nos représentations ; le
tems presse , chaque jour nous enleve une portion des moyens
avec lesquels vous pouvez faire sortir du Port le monde que
nous n'y pouvons plus nourrir.

Nous sommes , &c.

A l'Isle de France le 21 Octobre 1758.

MESSIEURS,

N°. 40. J'ai reçu par M. Dupetitval , Sécrétaire du Conseil , la lettre que vous m'avez fait l'honneur de m'écrire le 20 de ce
mois , qui contient des représentations qui m'ont engagé à assembler un Conseil de Marine , avec lequel je vais ici répondre à votre lettre.

Je connois par votre exposé l'état misérable de votre Coló-
nie ; votre situation est fâcheuse , j'en suis pénétré : mais elle
a trop de rapport avec la mienne pour ne les pas envisager
ensemble : je vous prie , confrontés ma réponse avec votre mémoire , afin que délibérant sur le parti qu'il y a prendre , vous
mettiez le Corps de la Marine , par un exposé précis de vos
demandes , & un détail circonstancié de moyens , dans le cas
de ne pas répondre des malheurs qui peuvent résulter des démarches auxquelles vous nous déterminez ; c'est sur quoi je vous
prie de délibérer avec la plus grande attention , en pésant les
contre-tems & les malheurs dont peut être suivie la séparation
de nos forces maritimes , supposé que vous l'exigiez pour le
salut de la Colonie , & qu'il ne me soit pas possible de la refuser à la force de vos représentations , & à l'extrémité de votre
situation.

Votre délibération soutenue du détail circonstancié des
moyens

moyens propres à son exécution, va nous guider dans cette circonstance ; ainsi je me crois obligé avant que vous vous déterminiez, de vous retracer les différens événemens que j'ai essuyés dans l'Inde, depuis mon départ d'Europe.

On m'assura à mon départ de France que je trouverois dans votre Isle des secours de toute espéce ; qu'arrivant contre saison, mes Equipages auroient le tems de se repofer ; que l'on armeroit quinze Vaisseaux en guerre ; que déchargé du passage des Troupes & des munitions, je ne ferois qu'escorter les Vaisseaux qui devoient les porter dans l'Inde, & qu'enfin, rendu à la Côte, je n'aurois qu'à combattre les ennemis. Quelle fatalité Messieurs ! J'arrive à l'Isle de France l'année derniere ; on m'annonce comme aujourd'hui, qu'il n'y a que pour quarante jours de vivres ; que ce tems écoulé, il faut ou périr de misére, ou se décider à la minute pour la prévenir : on assemble le Conseil, on y expose la triste situation de la Colonie, on la confirme unanimement ; & après bien des débats, il est résolu, contre mon avis, que je partirai avec neuf Vaisseaux de guerre & deux Frégates ; & que cette Escadre sera chargée des Troupes, & de tout l'attirail de guerre. Enfin votre misére, peinte comme celle d'aprésent, m'oblige à partir contre mousson : j'ai essuyé une très-longue traversée ; les équipages excédés par les deux précédentes, & accablés par les maladies, succombent enfin à celle-ci : j'arrive cependant à la Côte, & malgré ma triste situation, sans vivres, sans eau, je me présente devant le Fort Saint-David : les ennemis paroissent, je leur livre le combat deux fois dans ces mers : je perds beaucoup de monde, mes Vaisseaux sont désemparés ; je manque de secours de toute espéce, & je suis contraint de partir pour revenir ici avec l'espérance de m'y rafraîchir, de rétablir mes Equipages, & de racommoder les Vaisseaux. Rien moins que cela, Messieurs ; je trouve ici la division de M. de l'Eguille ; on lui a déja tenu le même langage qu'à moi : point de ressources d'aucune espéce, point de vivres dans l'Isle pour son séjour : on lui persuade qu'il faut partir sans délai pour ne pas périr de faim ; on le fait consentir à cette démarche, & si je n'arrive pas à propos, il va me chercher aux Indes, où

I

je n'étois plus; il va se précipiter avec sa foible Escadre dans des dangers inévitables: il étoit perdu; je l'étois par conséquent, & l'Inde aussi : voilà Messieurs en raccourci les hasards que nous avons courus.

Aujourd'hui les mêmes malheurs nous menacent; vous ne pouvez nous fournir aucunes des choses auxquelles la Compagnie s'est engagée avec le Roi : il faut périr, ou sortir du seul asyle que nous ayons dans ces Climats, & aller chez l'étranger, peut-être notre ennemi, chercher, mandier des secours qu'il peut nous refuser, & en supposant qu'il les accorde, y rester au moins trois mois pour y ramasser de quoi ravitailler tous nos Vaisseaux & les mettre en état. Mais que d'obstacles dans tout ceci, Messieurs ! entrons dans le détail.

Mon Vaisseau & ceux que je ramene de l'Inde sont tous, sans exception, hors d'état de reprendre la mer: tous ont besoin d'être carenés, & radoubés : les mâtures ont besoin d'une réparation considérable, & on manque généralement de tout : il faut donc nécessairement qu'ils restent ici. Quant à la division de M. de l'Eguille, elle ne peut partir sans se séparer totalement de moi: envisagez les suites qui peuvent résulter de cette séparation ; la perspective me paroît effrayante.

Les hommes ne peuvent résister à la fatigue que jusqu'à un certain point ; je l'éprouve moi-même: nous sommes tous excédés, dans l'Escadre qui revient de l'Inde; la division de M. de l'Eguille, & les autres Vaisseaux qui viennent d'Europe, ont déja essuyé deux longues & terribles traversées : affligés d'ailleurs par des maladies contagieuses, à peine arrivés il faut ressortir, aller au Cap, y faire des approvisionnemens, me rejoindre ici, & repartir tout de suite pour l'Inde : considérez bien tout cela, Messieurs.

Il faut à Monsieur de l'Eguille, à son départ de l'Isle de France, des vivres, non-seulement pour aller au Cap, mais assez pour prendre un parti, si par des hasards que nous ne pouvons prévoir, nous avions la guerre avec les Hollandois; ou si le Gouverneur, instruit de la détention d'un de se Vaisseaux à Pondichéry, refuse de fournir aucuns secours en ce cas, Messieurs, quel parti prendra M. de l'Eguille ? Pourra-

il contraindre les Hollandois ? Les attaquera-il ? Eft-il autorifé à employer la force ?

Les vivres que vous donnerez à M. de l'Eguille vous met-
tent-ils à l'abri de la mifére que nous reffentirons éloignés de
lui ? Il faut, pour le mettre à l'abri des grandes extrémités,
que vous lui donniez prefqu'autant de vivres qu'il en confom-
meroit ici ; calculez-les, Meffieurs, & vous verrez que par
cet arrangement, vous ne gagnez guères plus que dix ou douze jours ; & pour cette mince économie, vous nous faites
courir tous les rifques qui peuvent réfulter d'une féparation auffi
funefte : encore fi elle vous affuroit plus partculierement les
fecours que vous attendez de Madagafcar, & que vous nous
repréfentez vous-même comme fort incertains ; mais non, vous
ne gagnez que l'abfence de quelques hommes qui ne parti-
ciperont point à la mifére que vous nous annoncez.

Mais en fuppofant, Meffieurs, que tout réuffiffe au gré de
nos vœux, que M. de l'Eguille foit bien reçu chez l'étranger,
& nous rapporte l'abondance, ces reffources ne peuvent nous
parvenir que dans un tems où les nôtres feront déja épui-
fées, & nous aurons bien pâti alors de la mifére dans laquelle
vous dites que nous allons nous trouver ; cependant l'objet
important de l'Inde, fera fans fecours & abandonné : nous
ferons probablement hors d'état de remettre en mer faute
d'hommes, ou du moins, nous n'aurons que des cadavres à
oppofer à nos ennemis, & fi nous fommes battus, quelles fuites funeftes pour l'Etat & pour la Compagnie ! M. de l'Eguille, arrivant ici avec fa divifion, aura befoin de repos ; pour-
rai-je lui donner le tems d'en prendre ? Confidérez qu'il aura
prefque toujours tenu la mer, & qu'en partant d'ici pour
l'Inde, nous y ferons toujours jufqu'à notre retour, fi
M. de l'Eguille ne peut au contraire obtenir des vivres au
Cap, il faut qu'il aille au Bréfil, ou à la Côte de Guinée :
& quand pouvons-nous efpérer de le revoir ? En ce cas, je vous
déclare pofitivement, Meffieurs, que je n'irai point avec des
forces trop inégales rifquer & perdre mal-à-propos les Vaiffeaux
de la Compagnie ; je retournerois plûtot en Europe, & je

vous préviens que je me décharge des événemens.

La Compagnie s'est engagée à fournir les subsistances &
les secours de toute nature : si elle ne peut remplir ses engage-
mens, je n'en suis pas responsable ; ses mesures ont été mal
prises, ou ses ordres mal exécutés : ce n'étoit cependant qu'a-
vec ses ressources qu'il m'étoit possible de seconder les intentions de la Cour : on ne m'a offert dans tous vos établissemens
que des images affreuses de la plus grande misére : nulles ressources pour la Marine, en tous lieux, & en tout genre; les
uns manquent de tout pour s'en débarasser, les autres manquant de tout, veulent la retenir aux risques de la faire périr :
mettez-moi en état, Messieurs, d'aller chercher les ennemis
du Roi; de mettre nos possessions à l'abri de leurs entreprises, & d'en former sur les leurs ; quant aux arrangemens pour
les subsistances, cela vous regarde : je ne puis rien faire sans
ce secours ; & si vous ne pouvez me le fournir, décidez des
moyens, convenez des arrangemens convenables pour nous
garantir des fléaux dont vous nous menacez : j'attends cela de
vous, Messieurs, & je me porterai volontiers à tout ce qui
pourra contribuer à la réussite de vos démarches, sans me rendre, ni le Corps de la Marine, responsables des événemens :
vous avez sous les yeux, par cet exposé les accidens & les
malheurs qui peuvent résulter de notre position actuelle, &
des partis qui seront pris en conséquence.

J'exige qu'il soit fait une visite exacte de mon Vaisseau, &
de ceux que je ramene de l'Inde, afin que l'on constate leur état
& situation, & qu'on sçache s'ils sont en état de ressortir comme vous le demandez : cet examen doit être fait scrupuleusement, & m'intéresse personnellement.

Je vous prie, Messieurs, de vous assembler, de vous décider, & de faire des arrangemens que je puisse exécuter :
j'y souscrirai sans difficulté. M. de l'Eguille, dont le zèle est
sans bornes, s'y prêtera avec grand plaisir ; tout le Corps de
la Marine est dans cette disposition ; nous serons tous char-
més de prouver au Roi & à la Compagnie, que cherchant
à exécuter les projets confiés à nos soins, la misére & la mort

même ne nous offrent rien d'affreux, qu'autant que nous ne sacrifions pas notre vie plus utilement.

Je suis, &c.

MESSIEURS,

Votre, &c.

Extrait des instructions données par le Roi à M. le Comte d'Aché.

La Compagnie des Indes s'est chargée de pourvoir de vivres les Vaisseaux de Sa Majesté, après qu'ils auront consommé ceux qu'ils auront pris à Brest.

·*Extrait du Mémoire de la Compagnie.*

Quant aux vivres qui pourroient manquer aux Vaisseaux du Roi à leur départ à l'Isle de France, les Magasins de la Compagnie y suppléront pour les vins, eau-de-vie & farines. Et quant à la viande fraîche, les Vaisseaux du Roi iront s'en pourvoir à Madagascar.

Copie de la Délibération du Conseil de Marine, du 24 Octobre 1758.

Sur l'exposé de Messieurs du Conseil Supérieur de l'Isle de France, dans la Lettre adressée à M. le Comte d'Aché, dans laquelle ils assûrent que la Colonie est absolument hors d'état de donner la subsistance aux équipages des Vaisseaux du Roi & à ceux de la Compagnie : sur ce qu'ils proposent & demandent comme moyens uniques de sauver la Colonie & la Marine d'une perte inévitable, d'expédier 5000 hommes au-Cap de Bonne-Espérance dans les Vaisseaux de la Compagnie, protégés & escortés par deux Vaisseaux de la Marine du Roi; le Conseil de Marine s'est rendu aux motifs pressans insérés dans ladite Lettre, à accorder autant qu'il est possible & convénable, à la suite des opérations ultérieures de la Marine, à la de-

N°. 41.

mande de Messieurs du Conseil, un Vaisseau du Roi & ceux de la Compagnie armés en guerre, pour escorter & protéger dans la traite des vivres qui va se faire au Cap. Ledit Conseil a consenti à la séparation d'un Vaisseau de S. M. sur la requête positive & la nécessité absolue exposée par Messieurs du Conseil Supérieur, se déchargeant absolument de tout retardement, inconvéniens & malheurs qui peuvent résulter de cette démarche à laquelle il est exposé, que le salut de la Colonie & de la Marine aux Indes est attaché; observant néanmoins que le nombre de 5000 hommes à transporter au Cap, laissant ici un trop petit nombre de gens de Mer pour remplir les travaux & réparations à faire aux Vaisseaux qui reviennent des Indes sous le commandement de M. le Comte d'Aché, on réduit l'exportation à un moindre nombre. Il est nécessaire d'examiner cette partie, & de la faire cadrer avec l'article du service & les ressources que peut fournir l'Isle de France pour la subsistance des gens de mer qu'on peut garder dans la Colonie. Il paroîtroit très-convenable au Conseil de la Marine de retenir ici une plus grande quantité de gens de mer, & cependant pour soulager la Colonie des bouches dont elle est surchargée, de comprendre dans l'exportation des hommes qui seront embarqués, les Troupes de la Colonie, ou les faire passer de préférence à Bourbon, afin que les grands travaux à faire aux Vaisseaux puissent être suivis, & qu'on puisse les tenir prêts pour le tems où les secours de subsistances parviendront par les Vaisseaux destinés à passer au Cap sous les ordres d'un Vaisseau de S. M. & le nombre d'hommes qu'ils pourroient emporter.

L'*Illustre*, Vaisseau de Sa Majesté.	650 hommes.
Le *Fortuné*	650
Le *d'Argenson*	400
Le *Centaure*	650
Le *Chameau*	300
L'*Eléphant*	300
La *Baleine*	300
L'*Hermione*	300
La *Penelope*	50
	3600

Fait double au Port Louis de l'Isle de France le 24 Octobre 1758, *signé*, le Comte D'ACHÉ, FROGER DE L'EGUILLE, Chevalier DE RHUIS, MONDION, LA GUARIGUE DE SAVIGNY, GOTHO, COURCY, Chevalier DE MONTEIL, Chevalier DE LA TULLAYE, PALLIERE, PRÉHOT DE QUERDISIEN, BAUDRAN, SURVILLE Cadet, BOUVET, DE JOANNIS, BAUCHENE.

C O P I E de la Délibération du Conseil mixte assemblé à l'Isle de France le 31 Mai 1759.

Le conseil mixte assemblé sur les moyens de pourvoir l'Escadre des vivres nécessaires à son armement, sur ce qui a été représenté, que dans l'article des boissons il manquoit deux cent trente-trois bariques de vin, & quinze mille pôts d'eau-de-vie, pour completter la quantité de boissons qu'il faut nécessairement y embarquer, *les rations étant déja fixées à une diminution d'un tiers* sur ce qui revient aux équipages, il a été délibéré que M. de Mondion, Commissaire à la suite de l'Escadre, seroit chargé de chercher chez les Particuliers de l'Isle & dans les Vaisseaux à acheter la quantité de vin & d'eau-de-vie qui est reconnue indispensable pour l'armement de l'Escadre, lesquelles boissons il a été convenu de payer en billets de caisse sur le pied de 200 l. la barique de vin, ou trente piastres effectives, & cinq cent livres la barique d'eau-de-vie, ou quatre-vingt piastres, ou en Lettres-de-change sur la Compagnie, si les particuliers les préférent; & afin de subvenir au payement desdits achats, il sera débarqué des Vaisseaux trente mille piastres, qui seront déposées au trésor de la Compagnie en cette Isle, lesquelles trente mille piastres serviront pareillement à l'achat de *divers autres effets dont manque l'Escadre, comme huile, chandelles, suif, beurre, toile à voiles, &c.* lesquelles denrées & effets seront payés par M. le Juge-Thrésorier sur les billets de M. le Commissaire, visé de M. Magon.

Si à pareille condition les particuliers refusent de délivrer leurs boissons, le Conseil se réserve les moyens de faire exécuter la Délibération, dont il sera fait extrait, qui sera lû, publié & affiché par-tout où besoin sera, si bon être.

N°. 42.

Sur la propofition faite au Confeil mixte par écrit, par M. Magon, qu'il ne fera rien payé aux équipages, fous quelques dénominations que le payement puiffe être énoncé ; parce que ces payemens qui fe confommeroient aux Cantines, ne feroient que rendre l'achat defdites boiffons plus difficile, il a été délibére qu'il n'en feroit point fait, que ledit achat ne foit préalablement rempli.

Représentations faites à M. le Comte d'Aché par Meffieurs du Confeil Supérieur de Pondichery, au nom de la Nation affemblée en Corps.

N°. 43. L'intention de Sa Majefté en envoyant fes Vaiffeaux dans l'Inde, n'a pas été de les y montrer, mais de fecourir les Établiffemens de la Compagnie Françoife qui y font, & fes Sujets dont ces Établiffemens font compofés.

L'objet devient encore plus preffant, puifqu'il ne s'agit de rien moins pour le préfent, que de garantir les Établiffemens de la Compagnie, & par conféquent elle - même d'une ruine certaine, & tous les François de l'Inde de perdre leurs biens & leur liberté. Un objet auffi intéreffant peut fe remplir de deux manieres que l'on propofe à M. le Comte d'Aché, en lui en laiffant le choix.

Le premier moyen feroit de profiter du mauvais état où l'on fçait certainement que l'Efcadre Angloife fe trouve, pour achever de l'écrafer. On eft inftruit au vrai de ce mauvais état par les lettres de Karikal & de Negapatam. Le fuccès de ce premier moyen non-feulement feroit notre fureté, mais nous donneroit une fupériorité, d'où réfulteroient bien d'autres avantages. De plus, il rendroit inutile à l'ennemi, & même difpendieux, à pure perte, les efforts qu'il a déja fait ou qu'il fera pour augmenter fes forces de mer fur cette Côte. Ce qui en exifte étant détruit, ce qui arriveroit de nouveau feroit détruit avec encore plus de facilité ; ce qui porteroit en même tems un rude coup aux forces de l'ennemi fur terre, en les privant des renforts qu'ils attendent auffi. Ce premier moyen eft le feul qui puiffe rétablir nos affaires.

Le

Le second que nous allons propoſer ne tend qu'à en empê-cher l'entiere décadence. Il eſt tout ſimple, ſans aucun danger & convenable à l'Eſcadre elle-même, à ne regarder que le bien de celle-ci ; c'eſt qu'elle ne quitte point la Côte juſqu'à ce ce que l'Eſcadre Angloiſe ſoit obligée également de la quitter. Sans cela, 1°. la défaite & la fuite de cette Eſcadre, dont la ſeule eſpérance ſoutient depuis ſi long-tems nos affaires, ſeront conſtatées juſqu'à Dhely. On a déja repréſenté à M. le Comte d'Aché que vingt-cinq mille Noirs étoient en ſuſpens pour ſe déclarer ſuivant le ſuccès de l'une ou de l'autre Eſcadre. 2°. Outre l'opprobre dont les François ſeront couverts, & l'idée permanente que l'on va ſe faire de leur foibleſſe, ils ne peu-vent plus compter ſur aucun Allié, ni préſent, ni avenir. 3°. Toutes les Négociations entamées pour notre ſureté ou notre avantage vont avorter, & ſe tourner contre nous. 4°. Les An-glois en profitant de tous ces moyens que nous leur mettons à la main, effectueront infailliblement & avec une nouvelle aſſurance le projet de nous aſſiéger, que le ſeul retardement de notre Eſcadre leur avoit déja fait former. 5° Leur premiere opération ſera d'envahir tout le pays que nous poſſédons, & d'où nous tirons notre ſubſiſtance. Que feront alors des forces renfermées dans Pondichery, euſſent-elles plus de munitions & de vivres qu'il ne peut y en avoir ? Quand même on pour-roit ſe défendre quelques mois, d'où viendra le ſecours ? Tout le pays ſera contre nous, & nous ſerons bloqués du côté de la mer ; l'Eſcadre qui nous aura quittée peut-elle ſe promettre de nous ſecourir à tems ? Quand même elle arriveroit avant notre perte entiere, oſera-t-elle s'y oppoſer ? Ce qu'elle refuſe de faire à préſent avec un moindre péril, le fera-t-elle avec un danger plus grand, & malgré de nouvelles difficultés ?

Nous eſpérons que ſur cet expoſé, M. le Comte d'Aché verra que c'eſt une même choſe pour lui que de nous quitter dans la ſituation préſente, ou de ſigner notre perte. Qu'il nous permette de lui dire qu'en pareil cas, fallût-il ſacrifier tous ſes Vaiſſeaux, il ne feroit que remplir le but de ſa miſſion, & mériter les éloges & les récompenſes de la Cour. Le Chef d'Eſcadre Peyton s'eſt perdu en Angleterre pour n'avoir pas

K

voulu sacrifier son Escadre au salut de Madras en pareille occasion dans la guerre précédente. M. le Chevalier de Kersaint
avoit lui-même reçu ordre de la Cour de faire échouer ses
Vaisseaux pour le salut de Pondichery ; mais M. le Comte
d'Aché est bien éloigné de la nécessité d'un pareil sacrifice. Ce
que nous lui proposons est tout à son avantage. 1°. En différant
de quinze jours son départ pour les Isles (si c'est là le but de
son voyage) il rassure la Ville de Pondichery, qui sera persua-
dée qu'il a perdu la bataille en partant plutôt. 2°. Ses malades
& ses blessés s'y rétabliront. 3°. Il verra par lui-même le parti
que les Anglois prendront, qui certainement ne sera pas celui
de le venir attaquer. 4°. Il sauvera par-là ce que nous avons
de soldats & de matelots dans le Nord, si les Anglois peuvent
librement parcourir ces mers ; il suffit qu'ils envoyent deux de
leurs Vaisseaux à Ganjean pour enlever le Vaisseau que nous
y avons, M. de Moracin, M. le Chevalier du Poëte, avec les
Officiers & tout le monde, ce qu'ils ne manqueront pas de
faire ; & dès-lors voilà toutes nos espérances de remettre le
pied dans le Nord entièrement anéanties. 5°. Nous croyons enfin
devoir représenter à M. le Comte d'Aché, que l'hyvernage des
Isles est plus dangereux pour son Escadre que ne le seroit un
second combat, il faut qu'elle y périsse, ou que la famine l'en
chasse bientôt, & pour aller où ? On écrit de ces Isles sans le
moindre doute qu'elles sont perdues à jamais, si l'Escadre y
retourne. Trouvera-t-elle au Cap de nouvelles ressources ?
Rien de plus incertain ; les moyens pour les y retrouver ne
sont-ils pas même épuisés ? M. le Comte d'Aché voudroit-il
aller porter lui-même dans ces Colonies une bonne partie des
malheurs auxquels il condamne celles de l'Inde en les abandonnant ?

Le meilleur parti seroit donc pour lui comme pour nous,
qu'il allât au commencement d'Octobre passer un mois ou un
mois & demi à la Côte de l'Est, pour se retrouver ici au commencement de Janvier ; il ôtera même par-là cet hyvernage
aux Anglois, que cela obligera peut-être de prendre la route
de Bombay. On dépêchera cependant aux Isles sans délai pour
hâter les secours qu'on en voudra faire venir, ensorte qu'ils

fe trouvent fur cette Côte avant que les Anglois puiffent y paroître. Cet hyvernage peut même fournir l'occafion de faire
quelques prifes confidérables venans de Chine ou d'ailleurs.

L'hyvernage dans le Gange feroit encore plus avantageux à
tous égards ; on pourroit y penfer, fi l'Efcadre Angloife fe détermine pour Bombay ; on le pourroit encore mieux, fi on
venoit à bout de la battre. M. le Comte d'Aché pour parvenir
à ce dernier but veut-il une augmentation de forces ? On lui en
offre autant qu'il en fouhaitera.

Les bleffures qu'il a déja reçues pour la Nation y font-elles
un obftacle ? Qu'il nous faffe un facrifice qui lui coûtera à la
vérité plus que celui de fon fang ; mais nous devons tout
attendre de fa générofité. Ce nouveau facrifice eft qu'il donne
la permiffion de tenter l'entreprife (qui ne peut être différée),
tandis que nous emploierons ici tous nos foins pour le rétabliffement d'une fanté qui nous eft fi précieufe.

Qu'il ne craigne point que fes Vaiffeaux foient défemparés
de maniere à ne pouvoir enfuite aller à un hyvernage , nous
nous chargeons de fournir tout ce qu'il faudra pour les réparer
inceffamment. Quant à tout autre événement plus fâcheux ,
nous en prenons fur nous tous les reproches & toutes les fuites.
Dût-il lui-même en être refponfable, n'a-t-il pas plus à craindre
tant du côté de la certitude, que de la confidération de l'objet ? En abandonnant Pondichery, la Compagnie, la Nation
à la difcrétion des Anglois , n'iroit-il pas en ceci contre toutes
les intentions de nos Maîtres & le véritable but de fa miffion ?
Nous efpérons que loin de prendre un tel parti que rien ne pourroit juftifier, il voudra bien fe rendre aux repréfentations, prieres, proteftations ; enfin à tout ce qui eft capable de l'ébran-
ler de la part d'une Nation dont il eft une portion diftinguée ,
& dont il a le falut entre les mains.

A Pondichery le 16 Septembre 1759. *Signé*, LALLY,
DUVAL DE LIRYT, RENAULT DE SAINT-GERMAIN , BAR-
THELEMY , GUILLARD , BOYELLEAU , LENOIR , NICOLAS ,
PORCHER , DELARCHE , BAUSSET , LASELLE , DESVAUX
& GUEULETTE.

Pour copie, LAGRENÉE.

N°. 44. Nous fouffignés, Lieutenant Général des Armées du Roi, & fon Commiffaire dans l'Inde ; Gouverneur & Préfident du Confeil Supérieur, ainfi que tous les Membres dudit Confeil ; déclarons à M. le Comte d'Aché, Commandant en chef les forces de mer du Roi & de la Compagnie dans l'Inde, que vu le danger imminent dont tous nos Etabliffemens font menacés, nous le déchargeons de tout accident, inconvénient, malheur, qui pourroient réfulter pour fa Flotte de fon féjour à cette Côte; lui déclarons en outre qu'il eft d'une néceffité indifpenfable que nous concertions avec mondit Sieur Comte d'Aché, avant fon éloignement de cette Côte, toutes les mefures & moyens imaginables de fauver cette Colonie qui touche à fon dernier inftant.

Fait en la Chambre du Confeil Supérieur à Pondichery, le 16 Septembre 1759. *Signé*, LALLY, DUVAL DE LEIRYT, BARTHELEMY, RENAULT, BOYELLEAU, LENOIR, GUILLARD, F. NICOLAS, PORCHER, DELARCHE, DUPLAN DE LAVAL, DESVAUX, GUEULETTE, BAUSSET, DELASELLE.

N°. 45. *COPIE du Confeil de Marine, du 16 Septembre 1759.*

Les originaux de la délibération de ce Confeil, & des avis des Officiers de la Marine, font dépofés au Greffe de la Cour.

Sur l'expofé de M. de Lally & du Confeil de Pondichery, de la néceffité qu'il y avoit que l'Efcadre reftât quelque tems à cette côte, j'ai affemblé mon Confeil de Marine pour examiner la fituation de l'Efcadre, & décider fi elle eft en état d'y refter. L'avis général de tous les Capitaines a été conforme au mien & à celui de M. de l'Eguille qu'il a donné par écrit, & qui eft de partir demain au foir fans aucun délai. Plufieurs de nos vaiffeaux font défemparés à un tel point, fur-tout dans leurs mâtures majeures, qu'il eft impoffible de les réparer ; les Procès-verbaux qui en font foi font joints à cette piéce. Fait à bord du *Zodiaque* en la Chambre du Confeil, le 16 Septembre 1759. *Signé*, LA GUARIGUE DE SAVIGNY ; BAUCHAINE, DE LA CHAISE ; JOANNIS ; SURVILLE cadet.

COPIE de l'Avis de M. de l'Eguille.　　　Nº. 45.

M. le Comte d'Aché me faisant l'honneur de me demander mon avis sur le séjour que l'Escadre doit faire à Pondichery ;

Je pense qu'en prenant les précautions de faire tenir une frégate à deux lieues dans le vent, & un autre bâtiment à peu-près à la même distance au large, soit mouillés ou à la voile, selon que les Officiers-pratiques de cette côte le jugeront le plus convenable, & ayant des feux établis pour la nuit, & des fumées pour le jour à six lieues & plus, si cela se peut, de distance en distance à la côte dans le sud de Pondichery, pour avertir quand les ennemis paroîtront & éviter par-là la surprise, *& que la terre nous fasse fournir les vivres du journalier, & de l'eau, quand elle ne seroit que de Pondichery*, que l'Escadre peut rester encore demain pour donner le tems aux vaisseaux de se mettre en état de bien naviguer & refaire les dispositions pour le combat, selon le nombre d'hommes qui leur restent; mais sans ces précautions il faut partir pour éviter la surprise. Si elles sont bien exécutées, je pense qu'on pourra ne partir que demain au soir ou dans la nuit, ainsi que M. le Comte d'Aché, de l'avis des Pratiques, le jugera à propos. A bord du *Minotaure* le 16 Septembre 1759. *Signé*, FROGER DE L'EGUILLE.

COPIE des Avis de chaque Capitaine des vaisseaux de l'Escadre en particulier.

CONSEIL tenu sur l'exposé de M. de Lally & du Conseil, concernant le départ de l'Escadre qu'ils veulent faire rester ici.

LE CENTAURE

Dit qu'on peut rester ici deux jours, & sommer le Conseil de donner de l'eau, vû l'exposé des besoins de la Colonie, afin de pouvoir délibérer sur les circonstances.

Signé, DE BRETONNIERES.

N°. 45.

LE DUC DE BOURGOGNE

Dit qu'il faut partir ce soir. *Signé*, DE LA SALLE, pour M. MAHY.

LE S. LOUIS

Dit qu'il faut aller au large demain au soir par 10 brasses, pour nous mettre dans une situation plus avantageuse pour recevoir l'ennemi jusqu'à nouvel ordre. *Signé*, DE JOANNIS.

LE VENGEUR,

D'appareiller demain dans la journée pour nous mettre dans le cas de recevoir l'ennemi en mouillant par 10 brasses, en supposant que tous secours de terre sont inutiles. *Signé*, PALLIERE.

LE COMTE DE PROVENCE,

De rester ici où nous sommes jusqu'à notre départ, étant plus à portée de faire de l'eau. *Signé*, DE LA CHAISE.

L'ILLUSTRE,

De rester pour tâcher d'avoir de l'eau, parce qu'on peut appareiller d'ici pour se mettre en ligne, lorsqu'on sera dans une position propre à cela. *Signé*, le Chevalier DE COURT.

LA SILPHIDE.

Mon avis est de mouiller en ligne les files ouvertes, afin d'appareiller en commençant par la queue tous en même-tems ; & cependant pour avoir plus le loisir d'exécuter cette manœuvre, soit de nuit ou de jour, je pense qu'il faut tenir *le Senault*, *le Roland*, *la Penelope*, un *Champan*, & *la Silphide* (aussi-tôt qu'elle sera en état) de tenir, dis-je, ces bâtimens au sud-sud-est de l'Escadre de distance en distance, pour être averti de l'en-

memi ; d'ailleurs , demander que l'on difperfe des gardes & des N°. 45.
fignaux le long de la côte , & que pendant que l'Efcadre demeu-
reroit ainfi protegeant la Colonie , on lui fourniffe journellement
de l'eau , &c. voilà mon fentiment.

Signé , le Chevalier DE MONTEIL.

L'ACTIF.

Mon avis eft de refter ici à la voile afin d'éviter des furprifes
à l'ancre ; mais la chofe n'étant pas praticable , & ne pouvant
fe difpenfer de donner quelques jours , aux defirs de M. de Lally
& du Confeil , il convient de mouiller l'Efcadre dans la pofition
la plus avantageufe , pour appareiller & recevoir l'ennemi en
bon ordre s'il vient nous attaquer. D'ailleurs , M. de Lally dé-
firant de conférer avec M. le Comte d'Aché , il n'eft pas poffible
de lui refufer. *Signé* , BAUCHAINE.

LE DUC D'ORLEANS.

L'avis qu'on me demande eft fort délicat , eu égard aux circonftances. Je fuis d'avis , en confidérant feulement ce que je
fuis en état de faire encore , non-feulement que l'on refte , mais
même que l'on aille fur le champ chercher les ennemis , & les
combattre avant qu'ils ayent le tems de fe réparer. Pour refter
mouillé au large en ligne , cela eft impraticable. Nous y con-
fommerions nos vivres , fans être dans le cas d'en pouvoir peut-
être jamais refaire ; car j'ai vû que la moitié de nos vaiffeaux ,
par des coups malheureux , ont été obligés de quitter leur ligne
à la moitié du combat ; que ces mêmes vaiffeaux peuvent à peine
foutenir leur bas mât , que quelques uns ne peuvent réparer
de mâts de hune , faute d'en avoir ; fi l'on refte , il faut donc
que ce foit tout à terre & que chaque jour on répare l'eau & les
autres confommations de vivres , fans quoi il eft impoffible de
refter , parce qu'il eft indubitable qu'il faut que nous foyons en
état de retourner aux Ifles de France fans revenir à Pondichery ,
fi par hafard nous étions malgré nous forcés de combattre. A bord
du *Zodiaque* , le 16 Septembre 1759. *Signé* , SURVILLE cadet.

N°. 45.

L'Efcadre mouillée eft dans une pofition des plus dangereuſes, tant pour pouvoir appareiller à la vûe des ennemis, que parce qu'elle pourroit être furprife & battue, les ennemis étant au vent, & dans le cas d'être raccommodés depuis le combat, peuvent être à la pointe du jour fur nous; il faut donc de toute néceffité changer cette pofition, & mouiller bien plus avant entre les dix ou onze braffes, pour pouvoir appareiller & fe mettre en ligne, fi les ennemis viennent & y refter deux u trois jours, fi le Général juge abfolument ce peu de tems néceffaire pour le bien de la Colonie, & que la plupart des vaiffeaux qui manquent d'eau pour leur retour puiffent donner encore ces deux jours. Mais comme ce peu de tems ne fera rien à la Colonie, & qu'il peut caufer du mal à l'Efcadre, tant par le manque d'eau que par la longue traverfée, mon avis eft de partir vu la mauvaife pofition du mouillage de l'Efcadre, à laquelle je reviens encore. *Signé*, LA GUARIGUE DE SAVIGNY.

N°. 46.   *E X T R A I T des inſtructions de M. le Comte d'Aché.*

Il ne doit être affemblé de Confeils particuliers pour celle-ci (les affaires purement maritimes) que très-rarement, le fecret étant encore plus à obferver dans les affaires des expéditions de mer, que dans celles qui font générales & dont les plus grands font fouvent connoître l'objet. C'eft principalement à l'égard des vaiffeaux qui feront à détacher pour tenir différentes croifieres que le fecret doit être gardé, & le fieur Comte d'Aché doit néanmoins confulter fur cela les Officiers de mer attachés au fervice de la Compagnie, qu'il croira être les plus expérimentés pour le guider dans les partis qui feront à prendre à cet égard.

N°. 47.   *E X T R A I T d'une Lettre de M. le Comte de Lally à M. le Comte d'Aché, du 17 Septembre 1759.*

J'avois auffi ordre de vous communiquer la Lettre que j'avois

vois reçu de M. Silhouette de la part du Roi, par laquelle Sa Majefté nous rend tous deux refponfables, & dans tous les cas, des mefures à prendre pour le falut de cette Colonie, en nous enjoignant expreffément de les concerter enfemble vous & moi. J'y fatisfais de mon côté, en vous offrant toutes mes troupes dans toutes les opérations pour lefquelles vous pourrez en avoir befoin, ainfi que les vivres que nous vous avions ramaffés ici abondamment ; quant aux agrès, cordages, mâtures, & autres apparaux, nous en avons achetés ; ils font en magafin à Négapatham, le défaut d'argent feul nous a empêché de les faire venir jufqu'ici, & nous fommes prêts à y envoyer le peu d'argent que vous nous avez débarqué.

N⁰. 47.

Copie de la lettre de M. de Leyrit d M. le Comte d'Aché, **N⁰. 48.**
du 16 Septembre 1759.

MONSIEUR,

Je fuis bien fâché de n'avoir pas pû avoir l'honneur de vous voir hier au foir avant de retourner à terre ; mais j'étois fi incommodé du mal de mer, que je n'eus pas la force de monter à bord de votre vaiffeau.

L'original de cette lettre eft dépofé au Greffe de la Cour.

Le nommé Pierre Thomas m'a remis la lettre dont vous l'avez chargé pour moi ; j'aurai tous les égards que je dois à la recommandation que vous voulez bien me faire en fa faveur.

Vous avez arrêté un batteau Hollandois portant un Miniftre qui va faire fa tournée dans le Nord, je fuis follicité pour vous prier de le relacher, après qu'il aura fubi l'examen que les tems, les circonftances préfentes exigent.

M. de Serizy qui porte la préfente, *témoin comme tous le monde l'a été ici, de l'impoffibilité où j'étois de donner une roupie pour fatisfaire aux befoins les plus urgents de l'Hôpital, à votre arrivé, à mis tout en mouvement, follicitations & promeffes, pour engager quelqu'un à faire faire ce qui étoit néceffaire ; n'ayant rencontré perfonne porté de bonne volonté, il l'a fait avec un autre, & y a même engagé tout fon bien : cela*

L

l'a conftitué dans une dépenfe de quarante-deux mille roupies, que je me fuis engagé de lui rendre à votre arrivée. Je vous demande en grace, Monfieur, de l'entendre fur cela, & d'avoir égard à tout ce qu'il vous dira lui-même : il feroit défefpérant pour lui d'être la victime d'une action où la grandeur d'ame feule a eu part & l'intérêt de l'état; je vous en aurai en mon particulier une entiere obligation.

A Monfieur le Comte d'Aché,

N°. 49. Monfieur de Leyrit Gouverneur des établiffemens François dans l'Inde, & Préfident du Confeil de Pondichery, ainfi que tous ces membres qui vous ont été députés fucceffivement, ayant épuifé fans fuccès tous les moyens imaginables pour vous retenir ici encore au moins quelques jours, afin de raffurer les Noirs du pays prêts à fe déclarer contre nous, & vû la confternation générale répandue dans la ville de Pondichery : il a été réfolu d'affembler un Confeil national, lequel a protefté unanimement contre votre départ précipité ; vous déclarant feul refponfable de la perte de cette Colonie Il a été délibéré en conféquence, qu'il en feroit porté des plaintes au Roi & au Miniftre pour en demander juftice. La Compagnie n'ayant jamais eu d'autres objets en demandant des vaiffeaux au Roi, que celui de fauver ces établiffemens au rifque de ces mêmes vaiffeaux. Et fera délivré une copie de cette déclaration à tous les Capitaines des vaiffeaux de l'Efcadre de M. d'Aché, fi on en a le tems. Fait dans la chambre du Confeil, au Fort Louis de Pondichery, le 17 Septembre 1759. *Signé* LALLY, Duval de Leyrit, Ch. de Soupire, Michel Lally, Buffy, Duboy . Carriere, Verdiere, Durre, Gadeville, Du Paffage, Bauffet, Renault, de la Selle, Guillard, Porcher, Defvaux, F. Dominique Capucin, Curé de l'Eglife de Notre Dame des Anges, F. L. Lavaur, Supérieur général des Jéfuites François dans l'Inde, L. Mathon Procureur Général des Miffions étrangeres, Pottier de Lorme, le Blanc, Duchâtel, Audouard, Aymard, Combault Dauteuil, Goupil, Kiefer, Ig Baron de Witt, Bonal,

Ra●●, le Termellier, St. Paul, J. B. Launay, Deshayes, Ficher, Du Laurent l'aîné, Houdoyer du petit Val, Darcy, Maddin, Dios, Bertrand, le Gris, Miran, F. Nicolas, Bourville, Duplant de Laval, Boré, de Larche, Boyelleau, Gueulette.

Pour Copie, LAGRENEE.

COPIE *des repréſentations faites par M M. les Capitaines de la Compagnie, à M. Desforges Boucher, Gouverneur de l'Iſle de France.*

MONSIEUR

Ayant été informés par la voix publique, que M. le Comte d'Arché ſe propoſoit de donner le commandement de quelque Vaiſſeau de la Compagnie à M M. les Officiers de la Marine du Roi, nous avons l'honneur de vous repréſenter que par-là ce ſeroit nous priver de répondre à ſon attente, & à l'intention que la Compagnie paroît avoir eu de n'en remettre le commandement qu'à ſes Officiers, puiſqu'elle ſeule, ſous les yeux du Miniſtre, a fait en France l'armement & la nomination de ſesOfficiers, dont l'état a été remis à M. le Comte d'Aché, lorſqu'il en a pris le commandement.

Nous avons cru, Monſieur, être indiſpenſablement obligé de vous en donner avis, afin que vous & le Conſeil qui êtes ici pour maintenir les droits de la Compagnie, puiſſiez prier M. le Comte d'Aché d'avoir pour agréable de vous communiquer les ordres qu'il a pour en diſpoſer, autrement que ce qui a été uſité depuis que nous avons l'honneur d'être ſous ſes ordres; parce que le contraire deviendroit pour nous un ſujet de mortification que que nous n'avons pas mérité, & que par-là nous ſerions déchus d'une prérogative qu'il eſt eſſentiel de conſerver.

Nous vous obſerverons d'ailleurs, que dans nos inſtructions, il eſt dit, que dans le cas ou celui qui commande un Vaiſſeau de la Compagnie vienne à mourir, ſon ſecond lui ſuccédera dans le commandement, & il n'y eſt fait aucune men-

N°. 50.

L ij

tion que Messieurs les Officiers du Roi doivent les m●●●er.

Signé, De la Chaise, de Joannis, Palliere, Mahy, Trohomard, de Baulieu, et Surville.

Au Port Louis de l'Isle de France le 4 Décembre 1759.

N°. 51.　J'ai reçu, Monsieur, hier à huit heures du soir la lettre que vous me faites l'honneur de m'écrire : je pensois que vous y auriez joint les représentations de Messieurs les Capitaines de la Compagnie, au sujet de leurs prétendus droits sur le commandement du Comte de Provence, que nous étions convenus M. de l'Eguille, vous & moi, de donner à M. de Beauchesne pour la mission de l'Inde ; ce qu'ils croyent que je ne puis prendre sur mon compte : ce Vaisseau ne pouvant, disent-ils, être conmmandé que par des Capitaines de la Compagnie.

Au lieu de cela, Monsieur, vous demandez un nouvel arrangement qui détruit celui arrêté entre M. de l'Eguille, vous & moi, & ne parlant plus du Comte de Provence, vous demandez seulement le Vengeur pour escorter les Flûtes destinées à porter à Pondichery les secours que vous avez pour ce Comptoir.

Quoique ce parti exclue les Officiers du Roi de cette mission qui sembloit les regarder directement,

Comme dans une opération de cette nature, ce ne peut être que la plus grande diligence qui en puisse assurer le succès, & que le moindre retardement n'y pourroit être que préjudiciable, le Conseil de la Marine veut bien se désister de ses droits dans ce moment,

Ainsi, Monsieur, nous donnerons tous les secours qui dépendront de la Marine, pour accélérer le départ de ces Vaisseaux, dont la mousson avancée presse le départ ; mais le Conseil de la Marine & moi, nous nous déchargeons de tout ce qui pourra arriver tant au convoi, qu'aux secours que vous envoyez à Pondichery, & nous ne nous occuperons qu'à réparer les Vaisseaux qui nous restent, en nous prêtant à tout ce que vous pouvez demander de nous : vous pouvez prendre tels arrangemens qui pourront vous convenir ; cependant , Monsieur, je ne puis m'empêcher de vous demander, par écrit, les repréfentations que Meffieurs les Capitaines de la Compagnie vous ont fait au fujet de leurs prétentions, & de mon aurorité bornée pour la nomination des Vaiffeaux de la Compagnie, armés en guerre, à des Officiers du Roi; je vous la demande, Monfieur, ne pouvant me difpenfer d'en faire part au Corps de la Marine, & au Miniftre du Roi, fans que cela puiffe apporter aucun retardement aux opérations.

Fait au Confeil de la Marine affemblé le quatre Décembre mil fept cent cinquante-neuf.

Le Comte d'Aché, Froger de l'Eguille, le Chevalier de la Tullaye, Beauchaine, Laguarigue de Savigny, le Chevalier de Monteil, Chevalier de Real, le Chevalier de Rez, Goursola, le Chevalier de Court.

Mémoire lû par M. le Comte d'Aché au Confeil mixte, affemblé à l'Ifle de France le 10 Juin 1760.

MESSIEURS,

Sur les repréfentations que m'a fait M. Desforges Boucher, Gouverneur de cette Ifle, eu égard à fa pofition & aux nouvelles qui ont tranfpiré, que les ennemis y devoient faire quelqu'entreprife, je vous ai prié de vous affembler pour vous demander vos avis fur les différentes chofes que je vais vous lire ci-après. Il s'agit ici, Meffieurs, du bien de l'État & de la Compagnie ; c'eft pourquoi j'ai tout lieu de croire que vous m'en ferez part en bons Citoyens.

Je vous demande donc, Meffieurs, fi l'on fera fortir des Vaiffeaux pour les envoyer à Madagafcar ?

Si vous prenez ce parti, combien on leur donnera de vivres, & jufqu'à quel tems ils peuvent y refter ?

Quand ils en partiront, où ils iront pour renouveller leurs vivres, & quels moyens on employera pour s'en procurer ?

N°. 52.

Penfez-vous, Meffieurs, qu'on doive donner des nouvelles de l'état des affaires en cette Ifle dans l'Inde, & enverra-t-on les paquets que la Compagnie ordonne d'y faire paffer ?

Combien préparerons - nous de Vaiffeaux pour défendre le Port, en cas que les ennemis viennent attaquer cette Ifle, & defquels nous fervirons-nous ?

Ne feroit-il pas néceffaire d'envoyer quelques Vaiffeaux au Port du Sud-Eft, pour en défendre l'entrée ?

Puifqu'il vous vient des fecours d'Europe en agrès, le *Ruby* ira-t-il toujours à Batavia ?

Je vous prie, Meffieurs, de réfléchir fur toutes ces queftions, & de me donner votre avis.

Au Port Louis de l'Ifle de France,
le 10 Juin 1760.

Signé, le Comte D'ACHÉ.

MÉMOIRE lu au Confeil par M. Desforges Boucher, Gou-
verneur de l'Ifle de France.

MESSIEURS,

Nous fommes affemblés au Confeil mixte, fur la réquifition que j'en ai faite à M. le Comte d'Aché, pour délibérer fur des objets importans que je vais vous expofer.

Les Lettres particulieres parvenues de France en cette Ifle par la Frégate la *Diligente*, annoncent un armement de 4 à 6 Vaiffeaux de guerre, des bâtimens de tranfport, & 4000 hommes de Troupes réglées qu'on expédioit en Angleterre, & qu'on foupçonne être deftinés pour les Mers des Indes. On défigne même l'Ifle de France, comme l'objet de cet armement. La Compagnie femble adopter auffi cette idée ; & les fecours de Troupes & munitions qu'elle annonce pour cette Colonie, portent, à ce que je penfe, fur la crainte qu'elle a que nous ne foyons attaqués cette année.

J'ai communiqué à M. le Comte d'Aché, conformément aux

ordres que j'en ai reçu du Ministre & de la Compagnie, les instructions qui m'ont été adressées à cet égard ; & nous devons
délibérer ici, comme s'il étoit certain que l'ennemi doit y porter ses efforts, quoiqu'il soit peut-être plus probable qu'il tâche-
ra de réduire Pondichery, & que cette opération faite, ainsi
que la réunion totale de ses forces dans l'Inde, il viendra ensuite attaquer cette Isle.

Quelle position plus favorable que la nôtre ? Nous avons ici
beaucoup d'Officiers, de Soldats & de Matelots ; nous pouvons
équiper au moins autant de Vaisseaux de guerre qu'il en faudroit pour être égaux ou supérieurs à l'Escadre Angloise ; &
quelque chose qui pût résulter du combat, il est certain que la
Colonie seroit en sûreté, & n'auroit pas de descente à disputer.
Battus ou battans, les ennemis seroient hors d'état de rien entreprendre. Le peu d'agrès qui retarde à présent l'expédition de
nos Vaisseaux seroit suffisant, lorsqu'il ne s'agiroit de sortir que
pour combattre ou chasser de la Côte un ennemi qu'on trouveroit à la sortie du Port, & dont on n'auroit besoin d'éclairer la
suite ou la marche que jusqu'à Bourbon. Mais, Messieurs, par la
plus fatale nécessité, c'est sur ce secours si pressant, si utile, de
l'Escadre de M. le Comte d'Aché qu'il faut prononcer. Devons-
nous, pouvons-nous le désirer ? C'est-là l'objet de ce Conseil
mixte.

L'état ci-joint N°. 1, vous met sous les yeux, Messieurs, la
quantité & l'espece de vivres qui se consomment par mois pour
la nourriture des équipages de l'Escadre, de la garnison, des
ouvriers & des habitans résidens dans ce Port, auxquels il est
d'usage de fournir du pain, ainsi que des Malabares & Lascards,
entretenus au service de la Compagnie & celle de ses Noirs.
L'état coté N°. 2, vous met également sous les yeux, Messieurs,
la quantité & l'espece de vivres qui se trouvent ici dans nos
magasins, provenans tant du Cap par l'expédition de M. de
Palliere, que de ce que la plus scrupuleuse économie nous a
permis d'y réserver jusqu'à ce moment.

Nous sommes donc menacés par deux ennemis, les Anglois
& la famine. Celle-ci est inévitable, invincible. La bravoure,
les précautions, les combinaisons, n'y peuvent rien. Le nombre

des hommes ſi utile contre tous autres ennemis, ne peut rendre celui-ci que plus dangereux & plus preſſant. La famine paroît certaine, Meſſieurs, car s'il nous parvient quelques ſecours d'Europe en aproviſionnemens de bouche, il arrivera en même-tems mille hommes au moins de Troupes, & autant de Matelots, qui conſommeront néceſſairement beaucoup plus qu'ils n'apporteront. Sera-t-il queſtion de diſputer le terrein, & de défendre l'Iſle, ſi nous nous trouvons dans une ſituation à recevoir la loi de quiconque voudra nous nourrir? Que ſeroit-ce même, ſi nous étions réduits à déſirer d'être attaqués & pris. Ceci eſt ſoumis, Meſſieurs, à vos réflexions, au calcul du monde qui eſt dans l'Iſle actuellement, & à celui des gens de Mer, en les comparant avec nos reſſources, & en ſuppoſant de plus l'arrivée de deux mille hommes d'Europe; & enfin, en jugeant ſi nous avons quelqu'eſpoir raiſonnable de recevoir ici de bien long-tems des ſecours ſuffiſans pour le ſimple ſoutien de la vie.

   * Conſidérons enſuite, Meſſieurs, que cette Iſle eſt le point d'appui, le rendez-vous, le centre des opérations maritimes dans ces Mers, & enfin la clef de nos poſſeſſions dans l'Inde. On préſume que les Anglois viennent l'attaquer avec de grandes forces, les avis qu'on en reçoit ſont aſſez poſitifs pour ne négliger aucun des moyens poſſibles de nous mettre au plutôt en état de défenſe; mais ce que nous connoiſſons de la diſette entiere que nous ne pouvons éviter, eſt bien plus ſûrement établi que les opérations de l'Eſcadre Angloiſe. Il faut ſe précautionner ici comme ſi ſa miſſion étoit infailliblement connue. Mais ne ſçait-on pas que le ſecret des opérations eſt plus un objet de combinaiſon que de connoiſſance certaine d'une Cour à une autre: on

* M. le Comte d'Aché ne s'étant permis aucune réflexion ſur l'adminiſtration de la Compagnie ſur tout ce qui a trait à cette Campagne, s'eſt interdit celles qu'il auroit pû préſenter ſur ce diſcours. Elles n'échapperont pas au Lecteur, qui ſera ſans doute étonné de voir un Gouverneur atténuer par des obſervations de la plus grande foibleſſe & des combinaiſons mal entendues, l'effet des ordres qu'il a reçus de ſes Commettans. Et pourquoi? pour être ſeul chargé de la défenſe d'une Colonie où il voyoit a regret des Officiers à qui l'honneur devoit en appartenir.

   La famine eſt un mot fait pour effrayer, & c'eſt celui que tous les Gouverneurs s'étoient donnés à l'Iſle de France, comme mot du guet & l'ordre pour faire partir l'Eſcadre.

ignore peut-être l'objet direct de cet armement. Les hafards de la navigation ne peuvent-ils pas mettre l'Isle en sûreté ? La paix ne dérangeroit-elle pas entierement ces inconvéniens ? Que de reffources pour fe flatter d'une défenfe opiniâtre contre les Anglois, ou pour préferver l'Isle des fléaux de la guerre ? Voyez, Meffieurs, fi toutes ces combinaifons, qui font attendues & toutes poffibles contre l'invafion des Anglois, parent & adoucif-fent même l'inconvénient de la famine, prévue prefqu'infailli-blement. Il fembleroit au contraire qu'elles les rendent plus cer-taines & plus graves : on facrifie volontiers fa vie pour le meil-leur des Maîtres, pour l'Etat, pour conferver fon bien, fes foyers ; mais s'il a été formé des projets de mourir de faim, ils n'ont jamais été remplis jufqu'au bout. Voyez, Meffieurs, & après un examen tel qu'il convient à une matiere fi importante, prononcez. L'Efcadre de M. d'Aché doit - elle refter dans cette Ifle ? Ou doit-on expédier avec la plus grande diligence & fuc-ceffivement tout ce qu'on pourra armer de Vaiffeaux, pour al-ler vivre & prendre des aprovifionnemens à Foulpointe, afin de foulager la Colonie, & de fe mettre en état de prendre tels partis qu'il conviendra, foit pour revenir enfuite croifer au Vent de l'Ifle & la mettre hors d'infulte ; foit pour tenter de jetter du fecours dans Pondichery, qui n'a pas moins à craindre que nous de la réunion des forces Angloifes, & qui ne peut que fuccomber, s'il n'eft pas fecouru. Cette importante queftion une fois décidée, nous parlerons enfuite des moyens relatifs aux ré-folntions que vous aurez prifes. Il faut donc, dans tous les cas, la plus grande activité pour l'exécution, & nous devons y por-ter tous nos foins, dès que l'objet aura été débattu & décidé.

Au Port Louis de l'Ifle de France,
le 19 Juin 1760.

Signé, DESFORGES BOUCHER.

Après la lecture faite des Mémoires de M. le Comte d'Aché, & de M. Desforges Boucher, fur les mefures qu'il convient de prendre pour la sûreté des Ifles de France & de Bourbon, me-

M

nacées d'une attaque de la part des Anglois, dont l'armem^ent^ eſt annoncé auxdits Sieurs Commandans, par des Lettres ſeçretes qui ne nous ont point été communiquées, il a été lû une Délibération du Conſeil de la Marine, tenu le 26 Mai dernier, ſur la néceſſité de faire ſortir promptement le plus grand nombre de Vaiſſeaux que les circonſtances permettront d'expédier, pour ſoulager cette Colonie, qui eſt hors d'état de nourrir tout ce qu'elle contient actuellement de monde de terre & de mer.

Le Conſeil mixte cependant, nonobſtant les avis notifiés par leſdits Sieurs Commandans du ſoupçon qu'on a d'une invaſion de l'Eſcadre Angloiſe, qu'on préſume devoir être expédiée d'Europe contre les Iſles, a entierement approuvé cette Délibération, & y a adhéré ſur les mêmes motifs qui avoient déterminé ledit Conſeil de Marine.

Les moyens de ſubſiſtance & la conſommation journaliere des bouches à nourrir actuellement, joint à l'Expoſé de M. Desforges Boucher, ſur l'objet du Conſeil mixte, ayant été combinées, il a été décidé :

1°. Qu'on continueroit à travailler avec la plus grande diligence à l'armement ſucceſſif des Vaiſſeaux, en commençant par ceux qui ſont les plus prêts, & continuant ainſi, juſqu'à ce que le nombre d'hommes & le défaut d'agrès ait arrêté l'expédition.

2°. Que pour faciliter l'exportation, que la diſette de vivres rend indiſpenſable, les magaſins de l'Iſle fourniront pour quatre mois de vivres en pain & boiſſons ſeulement, le reſte ne pouvant leur être fourni en cette Iſle, & pouvant l'être à Madagaſcar.

3°. Que ſi les premiers Vaiſſeaux qui iront à Madagaſcar ne trouvent point à y completer encore deux mois de vivres, ils y attendront l'arrivée du dernier Vaiſſeau, en ſuppoſant toutefois qu'il ne tardât pas plus que le 10 d'Août, & que ſuppoſé qu'ils ne reçuſſent point d'ordres contraires, ils feront voile de Foulpointe dans le nombre où ils ſe trouveront, pour ſe rendre partout où M. le Comte d'Aché jugera à propos de les envoyer; le Conſeil penſant au ſurplus que Batavia peut être regardé comme le lieu le plus propre à ſe pourvoir de vivres & autres ſecours dans les circonſtances préſentes.

4°. Que ſi au contraire les Vaiſſeaux trouvent à s'approviſionner à Foulpointe, comme on l'efpere, ils fe conformeront aux ordres du Commandant de l'Efcadre, qui les leur donnera en conféquence de ceux qu'il aura reçu lui-même de M. le Comte d'Aché, lequel, de fon côté, prendra tel parti ou donnera tel ordre qu'il avifera bon être; mais dans tous les cas lefdits Vaif-feaux expédiés pour Foulpointe ne doivent venir chercher à l'Ifle de France aucun fecours de vivres avant le 10 d'Avril 1761. N'y ayant aucune efpérance que cette Ifle foit pourvue de vivres avant ce tems; & au cas que lefdits Vaiffeaux qui fe-ront à Madagafcar vers le 10 d'Août prochain fe trouvent fuffi-famment pourvus de vivres, & ne reçoivent pas d'ordre de M. le Comte d'Aché, ils pourront prendre du 10 au 15 dudit mois d'Août prochain, tel parti qu'ils jugeront avantageux pour le bien du fervice.

Il eft à obferver qu'en envoyant les Vaiffeaux à Foulpointe pour y fubfifter en s'attendant les uns les autres, & fe flat-tant qu'ils y trouveront un fupplément qui formera le com-plet de fix mois de vivres, le Confeil fixe à cette quantité de fix mois fuffifante à l'Efcadre pour toutes les opérations qui lui feroient ordonnées par M. le Comte d'Aché, les reffour-ces que lefdits Vaiffeaux doivent tirer de Foulpointe, parce que la Colonie en leur donnant quatre mois de bifcuit, com-pte néceffairement fur des approvifionnemens de bouche de l'Ifle de Madagafcar, & que tout ce qui en fera tiré pour l'Ef-cadre, peut être regardé effentiellement comme s'il étoit fourni des Magafins de l'Ifle de France. C'eft à quoi le Comman-dant de l'Efcadre eft invité à tenir férieufement la main.

Fait & délibéré en la Chambre du Confeil le 10 Juin 1760. *Signé*, le Comte D'ACHÉ, DESFORGES, BOUCHER.

Après avoir fait mes repréfentations au Confeil affemblé, fur ce que cette Ifle étant menacée d'être attaquée par les en-nemis, j'aurois penfé qu'il m'eût été plus convenable d'y ref-ter, le Confeil a jugé mon départ néceffaire pour l'exporta-tion des bouches dont l'Ifle eft furchargée, mon Vaiffeau étant un des premiers prêt. *Signé*, FROGER DE L'EGUILLE, ET LA GUARIGUE DE SAVIGNY.

M ij

Chevalier de Rhuis. Avec la restriction qui a été combattue au présent Conseil dans l'art. 4, dans lequel il est porté, que si au contraire les Vaisseaux trouvent à s'approvisionner à Foulpointe comme on l'espère, ils se conformeront aux ordres du Commandant de l'Escadre qui les leur donnera, en conséquence de ceux qu'il aura reçu lui-même de M. le Comte d'Aché, lequel de son côté prendra tel parti, ou donnera tel ordre qu'il avisera bon être. Mais dans tous les cas, les Vaisseaux expédiés pour Foulpointe, ne doivent venir chercher à l'Isle de France aucun secours de vivres avant le 10 Avril prochain, n'y ayant aucune espérance que cette Isle soit pourvue de vivres avant ce tems, ce qui est conforme à mon avis ; mais j'ai ajouté avant l'enregistrement de la présente délibération, que par cet article qui exclut le retour des Vaisseaux dans l'Isle pour y prendre des vivres, je n'entends point que cela empêche que lesdits Vaisseaux étant approvisionnés suffisamment, ils ne puissent prendre tel parti qu'il conviendroit pour mettre à couvert & protéger les possessions de la Compagnie.

Signé, Chevalier de RHUIS.

NOTA. Par l'article 4 de la présente délibération, le Conseil n'a pas entendu exclure les établissemens de la Compagnie, de la protection que M. le Comte d'Aché peut leur donner avec le secours de son Escadre. *Signé*, le Comte D'ACHÉ, FROGER DE L'EGUILLE, DESFORGES BOUCHER, LA GUARIGUE DE SAVIGNY, Chevalier de la TULLAYE, Chevalier de MONTEIL, BAUCHAINE, LE JUGE, MABILLE, MONDION, DE SAINT-JEAN, ROFFAY, DE LOUDIERES, CLOUET, ANTOINE, GAMART DE COURCELLES, PALLIERE, DE JOANNIS, SURVILLE, DUBREUIL, COURTOIS, DE LONGCHAMP, FREMICOURT.

Copie de la Lettre du Conseil de l'Isle de France à M. le Comte N°. 53.
d'Aché, du 15 Juillet 1760.

MONSIEUR,

Nous avons l'honneur de vous remettre ci-joint une note des munitions de guerre que nous sommes en état de fournir au Comptoir de Mahé, & qui pourront être embarquées sur la Frégate la Silphide, que vous nous désignez pour en faire le transport.

Quoique le Conseil Supérieur ne se croye pas autorisé à donner aucunes explications à la demande de secours qu'il est obligé de vous faire, d'après les nouvelles de l'Inde qu'il reçoit du Conseil de Pondichery; nous allons cependant répondre aux articles de la Lettre que vous nous faites l'honneur de nous écrire à ce sujet. Vous connoissez, Monsieur, la disette totale d'argent où est le Conseil depuis près d'un an, ainsi il n'en peut faire passer aux Indes.

Vous sçavez ce qu'il y a de troupes dans cette Isle, nous ne devons ni ne pouvons nous en dégarnir. La Cour nous a donné des ordres à ce sujet.

Ce ne peut donc être, Monsieur, que dans vos lumieres, vos ressources & votre zèle pour le bien de l'Etat, que le Conseil peut espérer le secours si desirable pour Pondichery, & il se donnera bien de garde de vous rien prescrire, il croiroit manquer à ce qu'il doit à votre grade & à vos qualités personnelles.

Nous avons l'honneur d'être, &c.

Copie de la Lettre écrite par M. le Comte d'Aché au Conseil N°. 54.
de l'Isle de France, le 2 Août 1760.

MESSIEURS,

Depuis le Conseil mixte tenu le 10 Juin de cette année, les Lettres de M. le Contrôleur Général & de MM. les Directeurs de la Compagnie, l'impossibilité actuelle de rien tenter pour la protection de Pondichery, les représentations de M. de la Galissoniere sur la néceffité de suppléer à ce qui manque aux forces de terre pour la defenfe de l'Ifle, fur-tout dans la partie du Port du Sud-Eft, m'ont paru exiger que je vous propofaffe de nouveaux arrangemens qui, en fe conformant aux intentions de la Compagnie, rempliffent également l'objet de défendre & de foulager cette Colonie dans l'état de difette où elle eft, & que vous me repréfentez par votre Lettre d'hier. Ceux que je trouverois les plus convenables dans le moment, ce feroit de faire partir actuellement *le Vengeur*, *l'Actif* & *la Diligente*, comme les plutôt prêts à mettre en état de fortir ; ces trois Vaiffeaux, joints au *Centaure*, foulageront la Colonie de 1700 hommes, & en fixant leur retour au 10 Avril 1761, felon l'efprit du dernier Confeil, ils rapporteroient dans ce tems-là autant de vivres qu'ils pourroient s'en procurer fur des Lettres de change, n'ayant point ou peu d'argent à leur donner, attendu que les Vaiffeaux fortans ne peuvent avoir que cet objet & celui de croifieres enfemble ou féparément.

Je penfe que des Officiers Généraux y feroient déplacés, ce feroit montrer trop à découvert à des Etrangers la foibleffe des François dans ces mers, & qu'il feroit plus utile au bien du fervice, fans compromettre la dignité du Pavillon du Roi, qu'ils reftaffent ici pour coopérer à la défenfe de cette Colonie en cas d'attaque, en faifant paffer, avec M. de l'Eguille, un ou deux Vaiffeaux au Port du Sud-Eft, s'il eft poffible de s'y emboffer.

D'ailleurs, Meffieurs, pour vous foulager encore davantage du nombre de bouches, ne pouvez-vous pas envoyer à Bourbon tous les malades en état d'y être tranfportés ? N'avez-vous pas la Frégate *la Gloire* qui emportera encore un certain nombre d'hommes ? A la fin de Septembre, que pourroit être fixé le départ des Vaiffeaux de Chine, ne pouvez-vous pas expédier *le Maffiac* & *le Berrier* pour France, quoiqu'ils ne foient pas à charge à la Colonie, puifqu'ils ont porté avec eux pour un an de vivres chacun ? Tous ces prochains départs vous foulageront effectivement de plus de 2300 hommes. De plus, Meffieurs, quand la faifon le permettra, ne pouvez-vous pas envoyer deux Flûtes au Cap de Bonne-Efpérance y chercher des vivres ? Ne pouvez-vous pas auffi faire prendre aux Vaiſſeaux qui iront en Europe le complet de leurs vivres au Cap de Bonne-Eſpérance ? N'attendez-vous pas, Meſſieurs, les ſecours de Madagaſcar, Queda & Batavia, & ne devez-vous pas vous flatter d'avoir ces ſecours qui vous ſont annoncés d'Europe ? Il me paroît que par ce nouvel arrangement on concilieroit les circonſtances où nous nous trouvons, & les idées de M. le Contrôleur Général & de MM. les Directeurs de la Compagnie, qui, par leurs dernieres Lettres, marquent deſirer que je me trouve ici avec les forces qui ſeront à mes ordres lors de l'attaque dont cette Iſle eſt menacée.

Au ſurplus, Meſſieurs, ſi ces arrangemens ne vous conviennent pas, je vous prie de me fixer le nombre d'hommes que vous ſouhaitez qui reſtent pour la défenſe de la Colonie, ſans y comprendre les équipages des bâtimens qui ſont éxpédiés pour rapporter dans cette Iſle des approviſionnémens, en conſéquence je m'arrangerai à faire exporter le reſte.

MONSIÉUR,

Le Conſeil Supérieur vient de recevoir la lettre que vous lui avez fait l'honneur de lui écrire en réponſe à la ſienne du premier de ce mois. **N°. 55.**

L'unique intention du Conſeil étant de concourir, par tous les moyens qui lui ſont propres, à la conſervation de l'Iſle, & aux opérations néceſſaires pour le bien de l'Etat, & l'exportation d'un certain nombre d'hommes étant forcée, par l'expoſé de ce qui reſte de vivres dans la Colonie, qu'il a eu l'honneur de vous communiquer ; le Conſeil ſe perſuade que les vaiſſeaux le *Vengeur*, l'*Actif* & la *Diligente*, ſont les plus en état de prendre très-promptement la mer, puiſque ce ſont ces vaiſſeaux que vous lui propoſez de mettre dehors ; & que la néceſſité où il eſt de refuſer le journalier en pain, qu'il a l'honneur de vous réitérer, demande que cette exportation ſe faſſe ſous peu de jours.

Quant à la deſtination ultérieure de ces vaiſſeaux, le Conſeil qui a tout fait & ſacrifié pour l'exécution de l'arrêté du Conſeil mixte, loin de vous rien preſcrire, ni d'accéder à aucune pro-

poſition à ce ſujet, ne peut aujourd'hui, Monſieur, que ſe re-
férer aux lettres du Miniſtre & de la Compagnie, que vous
venez de lui communiquer, & par leſquelles ils attendent de
vos lumiéres, & de votre zèle pour le bien de l'Etat, que vous
prendrez tous les partis les plus convenables dans les circonſtances.

Nous nous croyons encore bien moins dans le cas de vous fixer
le nombre, ni la deſtination d'aucun homme de mer; nous ne
voulons qu'éviter la famine, & remplir cette partie de l'adminiſtration qui peut mettre ceux qui ſont chargés de la défenſe,
dans le cas d'accélérer les préparatifs en tout genre. Nous eſpérons que vous reconnoîtrez cette conduite dans celle que nous
avons tenue avec vous depuis votre retour de l'Inde.

Hier on a diſtribué des vivres pour huit jours à toute la rade,
paſſé leſquels, les vaiſſeaux ſortant ne doivent attendre qu'un
ſecours en viande de quelques jours, s'ils les paſſent en ce port,
& en y conſommant leurs autres vivres de mer, ce que nous
déſirons qui n'arrive pas.

Le reſte des articles de la lettre que nous recevons ne rou-
lant que ſur divers points d'adminiſtration ſoumis au tems, aux
circonſtances & aux événemens, nous vous prions d'être perſua-
dés que nous nous porterons toujours avec le même zèle, & la
même exactitude, à profiter des occaſions favorables & à l'Etat
& aux Colonies.

Nous avons l'honneur d'être très-parfaitement,

MONSIEUR,

> Vos très-humbles & très-
> obéiſſans ſerviteurs,

DESFORGES BOUCHER, BARRIN DE LA GALLISSONNIERE,
ROFFAY DE LOUDIERES, LE JUGE, MONDION, MABILLE,
BOURCERET NESREAU, GAMART DE COURCELLES, AN-
THOINE.

Au Port-Louis, Iſle de France, le 3 Août 1760.

A

A l'Ifle de France le 19 Août 1760, N°. 56.

Il a été décidé entre M. le Comte d'Aché, M. de l'Eguille, M. Desforges & M. de Barrin, après une vifite exacte de la côte de cette Ifle, que l'entrée du Port du Sud-eft étant trop facile pour fe flatter de pouvoir s'y oppofer par les deux paffes avec une partie de l'Efcadre, toute l'étendue de la côte de ce Port abordable, les feules forces de terre ne font pas en état d'y empêcher la defcente ; en conféquence M. le Comte d'Aché & M. de l'Eguille ne jugeant pas poffible de défendre les deux Ports en même tems avec les forces de mer, ont trouvé plus à propos de les tenir raffemblées dans le Port du Nord-oueft, & de préparer le *Zodiaque*, le *Minotaure*, l'*Actif*, le *Vengeur*, le *Comte d'Artois* & le *Fortuné*, s'il eft poffible, & d'envoyer ordre au *Centaure* de revenir, pour être en état d'appareiller lorfque les vaiffeaux ennemis paroîtront, pour faire voile fur eux, les combattre s'ils ne font pas en forces trop fupérieures, ou dans le dernier cas les attirer fous le vent de l'Ifle, & leur faire manquer la defcente. Le Comte d'Aché, FROGER DE L'EGUILLES, DESFORGES BOUCHER, BARRIN.

MONSIEUR,   N°. 57.

Lorfque le Confeil Supérieur eut l'honneur de vous écrire le trois de ce mois pour vous réitérer la connoiffance de l'impoffibilité où il fe trouvoit de nourrir en pain tous les hommes de mer qui font en cette Ifle, tant pour le fervice du Roi fur votre Efcadre, que pour le fervice particulier de la Compagnie fur fes vaiffeaux marchands, & fur ceux que les néceffités d'approvifionnement tiennent occupés à l'importation des vivres, il y fut forcé par le compte exact qu'il fe fait rendre journellement de la confommation des grains, & par l'état de ce qui nous reftoit en magafin.

Le retardement des vaiffeaux vivandiers de Madagafcar, celui des bâtimens qui nous font annoncés d'Europe, l'incertitude du fuccès des traites pour lefquelles nous avons expédié

N

à Queda & ailleurs, n'étoient dès-lors que de trop fortes raifons de nous précautionner contre une difette que le tableau
de nos reffources nous démontroit bientôt inévitable. Les troupes du Roi arrivées en cette Ifle avec M. de la Galliffonniere
leur Commandant, celles qui y font entretenues par Sa Majefté
pour le service & la défenfe des Colonies, ont cela de préro-
gatives fur nos approvifionnemens, qu'elles doivent y être
nourries de préférence, fans pouvoir être détournées pour aller ailleurs fe pourvoir de ce qui eft néceffaire à leur fubfiftance. La dépenfe en pain du mois de Juillet, ayant monté à
deux cens quarante-huit milliers, & ce qui nous reftoit de bleds
alors n'excédant pas quatre cens & quelques milliers ; d'ailleurs la récolte des grains de l'Ifle ne pouvant nous fournir des
fecours plus prochains que du 15 au 20 Novembre, par les fa-
çons qu'il faut donner aux bleds, & les tranfports auffi difficiles
qu'indifpenfables pour l'avoir à notre difpofition dans nos magafins, nous nous déterminâmes à vous demander, lorfque
nous vous fçûmes décidé à refter ici, que les hommes de mer
fuffent tous nourris du bifcuit que nous vous avions fournis,
dans l'efpérance de vous voir mettre à exécution le projet de
départ dont vous étiez convenu. Nous préfumions qu'en leur
donnant douze onces de ce bifcuit, ce qui répondoit à la livre
de pain dont ils avoient été contents auparavant, & fur laquelle vous ne nous aviez fait aucune repréfentation, au moyen
du fol par jour donné à chaque matelot en dédommagement
du retranchement économique auquel la difette nous forçoit,
& d'un autre fol par jour pour avoir des légumes verds ; ces
hommes auroient vécu quelque tems fans altérer nos provifions, & nous auroient donné le tems de recevoir du dehors, le
fecours que par malheur nous attendons encore. Vous avez
exigé, Monfieur, qu'on leur donnât dix-huit onces de bifcuit ;
& fans vous rappeller ce qui s'eft paffé à cet égard, il fuffit de
dire que nous y avons foufcrit ; c'eft cette confommation de
dix-huit onces par jour de bifcuit par homme, qui a accéléré
la néceffité de recourir à nos provifions de bled, par l'épuifement plus prompt que nous le penfions du peu de bifcuit que
nous avions en réferve. Il ne nous refte donc plus de moyen de

vous faire subsister, qu'en consommant le biscuit qui se trouve à bord des vaisseaux le *Minotaure*, l'*Actif*, le *Vengeur*, la *Diligente*, & autres ; ce qui dans un moment pressant, & peut-être décisif pour le salut de la Colonie, mettroit votre Escadre hors d'état d'appareiller ou de recourir à la distribution économique du pain, suivant les arrangemens pris à cet effet, & qui ont eu lieu pendant les mois de Mai, Juin & Juillet.

Le Conseil Supérieur, dans tous les arrangemens qu'il a cru devoir prendre, pour prolonger les ressources de l'Isle en vivres, n'a jamais rien fait sans votre participation, ni sans avoir préalablement pris les avis de M. le Commissaire de l'Escadre du Roi, qui, comme vous le sçavez, par un Brevet particulier, est aussi le Commissaire des Vaisseaux appartenans à la Compagnie, & qui étant un des Membres nés de l'administration, par le droit que Sa Majesté lui a donné d'assister à nos Assemblées, a été témoin de toutes nos opérations. Le Conseil Supérieur n'a donc pas pu voir, sans un extrême étonnement, que plus nous approchons du terme fatal de l'épuisement total des vivres, plus vous exigez de lui qu'il en étende les consommations. C'est pour prévenir la plus affreuse situation dont la demande d'une livre & demie de pain par jour par homme de marine, menace la Colonie, dont les principaux même sont depuis plusieurs mois réduits à une livre, que le Conseil se résout à vous faire part aujourd'hui de l'état des vivres qu'il a en sa disposition. Vous verrez, Monsieur, qu'en prélevant sur cette quantité ce qu'il faut de farine pour faire le biscuit d'armement du *Zodiaque*, ce qu'il en faut pour l'approvisionnement des batteries ; ce qu'il est indispensable d'en donner aux Vaisseaux qui vont partir pour l'Europe, & en outre la part de bled ou de farine qu'il faut pour l'approvisionnement du Port du Sud-Est, la consommation journaliere qui étoit de deux cens quarante-sept milliers, augmentant de moitié en sus, il ne nous reste pas à beaucoup près assez de vivres pour fournir, & à cette augmentation imprévue, & à tout autre genre de consommation indispensable. Il seroit inutile que le Conseil vous rappellât, Monsieur, en ce moment pressant, tout ce qu'il a eu l'honneur de vous dire, pour vous engager en des tems convenables à l'exportation d'un certain nombre d'hommes. L'inſtant fatal auquel nous touchons doit être plus frappant pour vous. Il menace également & les Sujets du Roi qui ſont ſous vos ordres , & ceux qui doivent reſter ſous les nôtres ; & cette pauvre Colonie, qui s'épuiſe depuis trois ans , juſqu'à ſe priver du néceſſaire pour vous mettre en état d'exécuter les opérations dont le Roi vous a chargé dans ſes mers ; nos vœux, nos prieres, nos ſupplications , tout a mal réuſſi auprès de vous. Après nous être ſacrifiés pour remplir nos devoirs envers le Roi , envers l'Etat , & ſur-tout pour conſommer le ſacrifice de nos volontés & de nos moyens , que nous vous avons fait depuis que vous êtes ici , il ne nous reſte plus, pour ſauver à M. le Gouverneur toutes les plaintes auxquelles il eſt expoſé, & pour mettre le ſceau à la conduite que nous avons tenue juſques ici , en ſouſcrivant malgré nous à la nouvelle fourniture que vous exigez aujourd'hui, contre toute poſſibilité, d'une livre & demie de pain par jour par tête d'homme , que de proteſter, comme nous le faiſons par cette lettre , toute conſommation faite par votre Eſcadre des vivres néceſſaires à la conſervation de cette Colonie , contre tout ſéjour de vos Vaiſſeaux dans notre Port, tendant à prolonger cette conſommation au-delà d'un mois , que nous pouvons encore vous la fournir à raiſon d'une livre, & de vous déclarer que nous vous rendons reſponſable envers le Roi & l'Etat de tous les événemens , ſoit de guerre ou autres qui peuvent être occaſionnés en cette Iſle par la diſette. Nous oſons nous flatter qu'en rendant compte au Miniſtre de la Marine & à celui des Finances, comme nous nous propoſons de le faire , de la façon dont nous vous avons fourni ce qui pouvoit être néceſſaire au radoub & à l'équipement des Vaiſſeaux, comme auſſi de l'économie que nous nous ſommes efforcés d'établir dans la diſpenſation des vivres & autres matieres , nous trouverons dans la ſageſſe & dans l'équité de ces deux Miniſtres , la récompenſe dûe à nos travaux, & la juſtice que mérite un zèle & une bonne volonté ſi bien caractériſés , quoiqu'il n'ait pas eu le ſuccès que nous devions nous en promettre. Ce ſera à vous , Monſieur, alors à répondre de ce qui fera arrivé de contraire au bien de l'Etat & à la confervation des Ifles.

Nous avons l'honneur d'être très-parfaitement,

MONSIEUR,

Vos très-humbles & très-obéiffans ferviteurs,

DESFORGES BOUCHER, BARDIN, LE JUGE, MONDION, MABILLE, BOURCERET-NESREAU, ROFFAY, GAMARD DE COURCELLES, ANTHOINE.

Au Port Louis Ifle de France, le 28 Août 1760.

COPIE de la lettre de M. le Comte d'Aché à Meffieurs Bardin & Desforges, du 25 Août 1760.

Après l'arrêté & la délibération de la conférence du 19 de N°. 58. ce mois entre vous, Meffieurs, M. de l'Eguille & moi, je ne puis qu'être de la derniere furprife de voir vos noms à la tête de ceux de Meffieurs du Confeil qui m'ont adreffé la lettre qui me fut remife hier après midi. Vous ne pouvez avoir oublié, Meffieurs, que ce fut à votre demande qu'il fut arrêté entre vous & nous, à votre retour du Port du Sud-Eft, que loin de faire partir les Vaiffeaux, comme le Confeil fembloit le defirer, le bien du fervice & la fureté de la Colonie exigeoient que j'envoyaffe ordre au *Centaure* de venir en ce Port pour fe joindre au refte de l'Efcadre, & que je fiffe preffer les Vaiffeaux le *Fortuné* & le *Comte d'Artois*. A peine ai-je fait partir la *Silphide* pour porter au *Centaure* cet ordre, & celui de rapporter avec lui tout ce qu'il pourra de ris & de falaifons qui fe trouveront préparées, que vous-même, Meffieurs, à la tête du refte du Confeil, me faites les plus vives repréfentations de la mifere affreufe dont vous êtes menacés, & qui ne vous permet pas de nourrir les équipages de mon Efcadre plus d'un mois, en retranchant le tiers de la ration. Il paroît par la lettre du Confeil, que la demande que j'ai faite que ces équipages fuſſent mis à la même ration que les ſoldats de la Colonie, eſt regardée comme une des cauſes de la prochaine diſette de la Colonie ; c'eſt une condeſcendance peut-être pouſſée trop loin de ma part, d'avoir laiſſé ſubſiſter le retranchement d'une demi-livre de pain par homme par jour, depuis que vous-même, Meſſieurs, avez ſenti combien il étoit dangereux de laiſſer des différences dans les diſtributions de la ration du ſoldat de Cambreſis & de la Colonie. Cette condeſcendance, dis-je, ſemble avoir acquis le droit à Meſſieurs du Conſeil de laiſſer languir dans la miſere le matelot, ſur lequel ſeul tomboit tout le poids de la diſette comme celui du travail.

L'objet de la lettre du Conſeil eſt-il de me déterminer à faire ſortir au plutôt tous les Vaiſſeaux de l'Eſcadre à meſure qu'ils ſeront en état, contradictoirement à ce qui avoit été arrêté entre nous, au riſque de ne plus trouver à Foulpointe le *Centaure*, ni les ſubſiſtances qu'il aura emportées, & ſur leſquelles nous comptons néceſſairement pour former le complet de nos vivres, & de ne pouvoir rejoindre à Bourbon une partie de nos équipages. Enfin, Meſſieurs, eſt-ce vis-à-vis du Conſeil Supérieur de l'Iſle de France que j'ai à traiter, ou vis-à-vis de vous, pour la ſubſiſtance de mon Eſcadre, & ces opérations relatives à cette Colonie. J'attends votre réponſe pour régler celle que j'ai à faire au Conſeil, & le parti que j'aurai à prendre, de concert avec le Conſeil de la Marine que j'ai aſſemblé à cet effet. En attendant je retiens la *Gloire*, & fais préparer la *Diligente* pour leur faire porter, l'une à Bourbon & l'autre à Foulpointe, les ordres relatifs au nouveau parti, ſuppoſé que la *Diligente* puiſſe arriver encore à tems pour prévenir le départ du *Centaure*.

A l'Iſle de France, le 29 Août 1760.

N°. 59.

MONSIEUR,

Vous nous faites l'honneur de nous mander que vous êtes ſurpris, après l'arrêté de la conférence du 19 de ce mois, entre vous, M. de l'Eguille & nous, ſur les moyens de défenſes de cette Ifle, & les difpofitions qui y ont rapport, que nous ayons figné la lettre du Confeil du 28 de ce mois.

Les arrangemens que nous avons pris enfemble fur le meilleur parti qu'il y avoit à tirer de l'Efcadre que vous commandez, ont toujours dû, comme vous l'imaginez bien, Monfieur, être fubordonnées à la poffibilité de la faire fubfifter : la quantité de vivres que vous aviez à bord, ou que l'on devoit vous y fournir, nous avoit parue, ainfi qu'à vous, felon les apparences, Monfieur, devoir vous fuffire jufqu'au retour de la *Silphide* & du *Centaure*; vous pouvez vous rappeller que ce fut après que le Confeil vous eut mandé qu'il ne pouvoit plus vous faire fournir de vivres de terre, qu'à compte de ce que vous deviez en avoir, que nous convinmes enfemble que vous refteriez ici avec tout ou partie de votre Efcadre. Cette quantité de vivres auroit fuffi effectivement, fi vous aviez cru pouvoir faire continuer la diftribution fur le pied de douze onces de bifcuit, avec les deux fols de fupplément ou de légumes, telle qu'elle s'eft faite pendant plufieurs mois. Vous avez pu voir, Monfieur, par la lettre du Confeil, qu'il ne refufe pas de continuer cette diftribution, en en fixant cependant le temps à un mois, qui eft à-peu-près celui de l'arrivée apparente de la *Silphide* & du *Centaure*. Si ces vaiffeaux & aucun des autres qui font à Madagafcar, n'étoient arrivés alors, nous penfions, fauf ce que vous en pourriez ordonner, que votre Efcadre feroit en état d'aller au Cap, pour y fubfifter, & nous apporter ce qu'il feroit poffible d'en tirer de vivres pour cette Colonie.

Quant à l'inconvénient que vous trouvez dans l'inégalité de la diftribution des vivres, nous vous répondrons, Monfieur, que les deux fols accordés aux Matelots, en fupplément de légumes, les boiffons & le beurre fourni pour la foupe, équivalent la demi-livre de pain que le Matelot auroit eue de moins. Les Troupes de terre, qui, en France & ici, quoiqu'elles aient une livre & demie de pain de diftribution, en achetent toujours, font déja réduites, ne trouvant point, comme vous fçavez, à s'en pourvoir chez le Boulanger, & n'ayant d'autre reffource pour vivre, que la demi-livre de viande falée & leur prêt.

La diftribution ne feroit donc point inégale effectivement,

après l'avoir été très-long-temps aux dépens des Soldats de la Compagnie, qui n'ont eu, comme vous l'avez vu, que du pain pendant huit mois. Au surplus, Monsieur, lorsqu'il est question de traiter de la subsistance de votre Escadre, cela ne peut regarder que le Conseil; ils n'en 'est pas de même des dispositions militaires relatives à la défense de l'Isle que nous continuerons, si vous le voulez bien, de décider ensemble, comme nous l'avons fait par l'arrêté du 19 de ce mois.

Nous voudrions bien, Monsieur, que de prompts secours en vivres missent la Colonie en état de fournir la subsistance à votre Escadre, sans aucun retranchement. Ce n'est que par ce defaut que nous nous sommes joints au Conseil, pour vous mettre sous les yeux le tableau de notre situation.

Nous avons l'honneur d'être très-respectueusement,

MONSIEUR,

Vos tres-humbles & très-obéissans serviteurs,

BARRIN, DESFORGES BOUCHER.

N°. 60. *COPIE de l'arrêté du Conseil de Marine assemblé le 29 Août 1760, pour délibérer sur l'exposé de M. le Comte d'Aché, dont copie est ci-jointe au sujet d'une lettre de Messieurs du Conseil Supérieur de cette Isle, datée du 28 Août, dont copie est également ci-jointe, par laquelle ils exposent l'impossibilité où ils sont de faire subsister plus long-temps l'Escadre du Roi dans ce Port, en retranchant même les Gens de mer d'un tiers de la ration en pain, sans mettre la Colonie dans le risque le plus évident d'une affreuse famine.*

Le Conseil a décidé d'une voix unanime, que l'on fera partir le plus promptement qu il sera possible, les vaisseaux de l'Escadre qui sont en armement, après toutefois que la Colonie leur aura fourni les choses qui leur sont absolument nécessaires pour aller chercher à subsister ailleurs, & qu'on informera Messieurs du
Conseil

Conseil de cet arrêté en réponse à leur lettre mentionnée ci-dessus.

En second lieu qu'on fera partir sans délai la fregate la *Diligente*, pour aller retenir à Foulpointe la fregate la *Silphide*, & le vaisseau le *Centaure*, si elle les y trouve encore.

Troisiémement, le Conseil de Marine déclare qu'il proteste formellement contre cet arrêté, comme directement contraire à la connoissance que les lettres de M. le Contrôleur Général, & celles de la Compagnie adressées à M. le Comte d'Aché qui en a fait part au Conseil, lui donnent des intentions du Roi au sujet de son escadre qui devoit coopérer à la défense de cette Colonie du côté de la mer, la laissant au contraire tout à découvert. Le Conseil de Marine proteste donc contre ce parti, qu'il ne prend que forcé par les représentations réitérées du Conseil Supérieur de cette Isle, & le tableau qui lui est présenté du peu de ressources qui y reste pour la subsistance des Troupes & des Habitans, rejettant entiérement sur ledit Conseil Supérieur, les suites funestes qui en pourront résulter, en cas que l'Ennemi paroisse devant cette possession de la Compagnie, de la conservation ou de la perte de laquelle ledit Conseil de Marine rend responsable envers le Roi & l'Etat, ledit Conseil Supérieur qui l'a contraint par la menace d'une disette prête à fondre sur la Colonie, d'en abandonner la défense au moment où la Cour nous annonce l'entreprise méditée contre elle. *Signés*, le Comte D'ACHÉ, FROGER DE L'EGUILLE, LAGUARIGUE DE SAVIGNY, BAUCHAINE, le Chevalier DE LA TULLAYE, Chevalier de RÉALS, DE RETZ, GOURSOLAS.

EXPOSÉ de Monsieur le Comte D'ACHÉ.

MESSIEURS,

Je vous assemble pour vous faire part d'une lettre du Conseil Supérieur de cette Isle, du 28 de ce mois. Je vous prie de la lire avec toute l'attention possible, afin de me mettre en état d'y répondre, & de prendre en même temps un parti décisif dans la position où se trouve l'Escadre.

O

Le fort de l'Escadre & de l'Isle dépend de votre décision, Messieurs, & j'attends de vos connoissances tout ce qui peut me déterminer dans une circonstance aussi critique.

Je vous fais part aussi d'une délibération arrêtée le 19 de ce mois, entre M. de l'Eguille & moi, de concert avec Messieurs Desforges Gouverneur, & Barrin, Colonel de Cambresis, & vous verrez, Messieurs que par cet arrangement, non-seulement ces deux Messieurs n'ont fait aucune objection sur l'impossibilité de fournir des vivres à l'Escadre, mais même qu'il est dit qu'on fera revenir le *Centaure* ; en conséquence, j'ai fait partir la *Silphide*, & ai donné ordre au *Centaure* de revenir chargé de ris & de salaisons, de même que la fregate la *Silphide*. Voyez, Messieurs, le parti qu'il faut prendre actuellement.

La *Silphide* doit, en passant à Bourbon, y prendre les Officiers & les équipages du *Minotaure* & de *l'Actif* ; j'ai retenu la *Gloire* qui devoit aller chercher à Bourbon, les equipages qui sont encore dans cette Isle avec l'Officier du *Zodiaque* qui les y commande. *Signé*, le Comte D'ACHÉ.

COPIE de la Lettre de M. le Comte d'Aché au Conseil de l'Isle de France, du 30 Août 1760.

MESSIEURS,

N°. 61.

J'ai reçu la Lettre que vous m'avez écrite le 28 de ce mois. Ce n'étoit qu'à regret que, conformément à l'Arrêté du Conseil mixte du 10 Juin dernier, je voyois l'Escadre prête à abandonner l'Isle, malgré les instances de M. le Contrôleur Général & de la Compagnie, pour que je cooperasse à sa défense ; cependant j'ai constamment donné les ordres les plus pressans pour faire accélérer l'armement des Vaisseaux ; j'ai fait même partir le *Centaure*, & je me disposois à faire partir l'*Actif* & le *Vengeur*. Ce n'est que sur la Lettre de M. Desforges Boucher & l'Arrêté fait entre ce Gouverneur, M. Barrin, M. de l'Eguille & moi que je les ai retenus, & j'ai envoyé par la *Silphide* ordre au *Centaure* de revenir en ce Port.

Mais cependant aujourd'hui, Messieurs, votre Lettre du 28

rompt toutes ces mefures prifes pour la défenfe de cette Ifle ; elle m'annonce d'une maniere fi preffante l'impoffibilité où vous me dites être de faire fubfifter l'Efcadre au-delà d'un mois , encore en retranchant un tiers de la ration en pain , outre les retranchemens déja établis dans le refte de la diftribution des vivres des gens de mer ordonnés par le Roi , & de la fourniture defquels la Compagnie eft chargée , fans qu'il foit fait mention de la diminuer par rapport aux Troupes du Roi & de la Colonie , que vous dites *avoir la' prérogative fur vos approvifionnemens , qu'elles doivent être nourries de préférence.* Cette Lettre porte des proteftations contre toutes confommations faites par Efcadre des vivres néceffaires à la confervation de cette Colonie , contre tout féjour de mes Vaiffeaux dans ce Port , tendant à prolonger cette confommation au-delà d'un mois que vous pouvez encore fournir , à raifon d'une livre ; enfin votre déclaration par laquelle vous me rendez refponfable envers le Roi & l'État de tous les événemens , foit de guerre , ou autres qui peuvent être occafionnés en cette Ifle par la difette. J'ai fait affembler le Confeil de la Marine pour lui faire part de cette Lettre , lequel ayant déliberé fur tous les chefs qu'elle contient & fur l'impoffibilité de prolonger le féjour de l'Efcadre , fans expofer la Colonie aux horreurs de la famine , a décidé que l'on fera partir, le plus promptement qu'il fera poffible, les Vaiffeaux de l'Efcadre qui font en armement , & qu'on fera fortir au plus vîte la *Diligente* pour aller retenir la *Silphide* & le *Centaure* à Foulpointe , fi elle les y trouve encore. Du refte , ce Confeil de la Marine vous fait obferver , que ce parti étant directement contraire aux intentions du Roi (autant que les Lettres de M. le Contrôleur Général & de la Compagnie dont je vous ai fait part , peuvent les faire connoître), il ne le prend que forcé par vos inftances réiterées & laiffant l'Ifle dépourvue de toutes les forces maritimes , & rejette entiérement fur vous les fuites funeftes qui en pourront réfulter , dont il vous rend refponfables envers le Roi & l'Etat.

Le Confeil vous fait encore obferver , que fi les Vaiffeaux n'ont pas plutôt été prêts à partir , ce n'eft ni à moi ni à la marine que l'on peut s'en prendre. Etoit-il en notre pouvoir de

preffer les fournitures de bois pour les radoubs , doublages &c:
arrimages des Vaiffeaux , de charbon pour l'entretien des forges?

Sommes-nous plus avancés de ce que les magafins nous font
ouverts s'ils fe trouvent dépourvus , tantôt de cordages , de
clous , d'étoupes , de futailles , ou autres matieres , qui ont arrêté
les ouvrages à tout moment? Des Vaiffeaux de guerre peuvent-
ils partir fans boulets ramés , fans mitrailles , papiers pour faire
des cartouches , & dont nous manquons encore ?

Les Ouvriers du Port , même les équipages des Vaiffeaux de
guerre , n'ont-ils pas été continuellement détournés pour travailler aux différens armemens des Vaiffeaux qu'on nous a dé-
clarés comme deftinés à aller chercher des approvifionnemens
pour l'Efcadre & la Colonie ?

Je veux bien paffer fous filence les reproches deftitués de
fondement que vottre Lettre contient ; j'immole pour le préfent
mon reffentiment à l'amour de la paix fi néceffaire dans les
circonftances préfentes , me réfervan: à porter mes plaintes au
pied du Trône. *Signé*, LE COMTE D'ACHÉ.

MONSIEUR,

N°. 62.   Nous venons de recevoir la lettre que vous nous avez fait
l'honneur de nous écrire en date de ce jour. Le Confeil Supérieur qui , comme il a eu l'honneur de vous le marquer dans
fa lettre du 3 Août 1760 , ne s'occupe que de la partie des
vivres dont l'adminiftration lui eft confiée , qui a toujours re-
fufé de vous rien prefcrire , ni fur la marche de votre Efcadre ,
ni fur l'application particuliere des forces maritimes qui vous
font confiées , & qui depuis le Confeil mixte du 10 Juin , ne
s'eft récrié fur l'inexécution de l'Arrêté de ce Confeil , que
parce qu'il prévoyoit la difette où le féjour de tant de monde
de marine jetteroit infailliblement la Colonie , vient de fe faire
repréfenter de nouveau les états des vivres qui font en magafin , & celui de la confommation journaliere. M. de Barrin en
a lui-même calculé les quantités , & a comparé ce qui nous
refte , avec ce que vous allez confommer de néceffité en nour-
riffant votre monde de pain frais , à raifon d'une livre & demie

par tête d'hommes. Ce n'est point à nous, Monsieur, à connoître des mesures particulieres que vous nous dites avoir été prises entre vous, M^{rs} de l'Eguille, Barrin & Desforges. Les opérations militaires, les dispositions de défense dont vous avez traité avec ces Messieurs, ne nous font pas spécialement recommandées, quand le Roi nomme des Officiers pour y vaquer ; mais nous connoissons trop l'application, le zèle & le dévouement de notre Gouverneur, pour croire qu'il foit convenu de rien qui n'ait été soumis à une premiere nécessité, qui est celle de vivre. Les lettres qu'il a signées conjointement avec nous, celle du 10 Août écrite du Plessis, dont il vient de nous donner communication, ainsi que de l'arrêté du 19, & de sa lettre du 29 en réponse à la vôtre dudit jour, ne prouvent pas qu'il ait été d'un avis contraire ; nous disons plus, nous croyons que le Ministre même dont vous nous citez les lettres , & dont M. Desforges nous en a communiqué une adressée à lui, ne vous a desiré ici, quand l'ennemi y paroîtroit, qu'autant qu'autant que la Colonie seroit en état de vous y faire subsister. M. Desforges, en abhérant aux dispositions que vous réclamez, n'a pas compté perdre de vue l'intérêt qu'il a (vous en conviendrez), dans sa qualité de Gouverneur de Place , de veiller aux approvisionnemens. S'il a paru céder à la nécessité, il reprend les droits qu'il a de demander qu'on ne fasse pas courir à la place qui lui est confiée, le risque d'une disette inévitable ; & nous nous joignons à lui. Toutes nos lettres vous ont dit que nous craignons la disette. Arrivés malgré nous à ce moment tant prévu, tant craint, & réellement si formidable , nous vous avons exposé l'extrémité où nous étions réduits , & nous nous fommes cru obligés en souscrivant, comme nous l'avons fait , à vous donner une livre de pain par jour pour chaque homme, de protester contre une telle consommation au-delà d'un mois ; consommation dont la fatalité amenée par le retardement de l'Escadre dans le Port, ne nous laissera pas au premier Octobre pour un mois de vivres.

Les dispositions particulieres que vous avez fait de vos Vaisseaux n'ont rien de relatif à la conduite que nous tenons. Vous vous êtes engagé par le Conseil mixte à faire sortir de l'Isle